月商100万円を達成する最強のEC運営術

ミウラタクヤ商店
三浦卓也

インプレス

はじめに

はじめまして。

「社会の脂肪を減らす」をコンセプトに、プロテインやサプリメントなどのオリジナル健康食品を販売している「ミウラタクヤ商店」の三浦卓也です。

最初にちょっと自己紹介をさせてください。

僕は「ミウラタクヤ商店」というネットショップを運営しており、かつ「ひとりECオンラインサロン」や「EC家庭教師」などという、スモールビジネス領域における「ネットショップの支援」をさせていただいています。

要は、①自分でネットショップを運営しつつ、②ネットショップ運営で成功したノウハウを他の事業者へ提供する……という、事業経営とコンサルタントのようなことをさせていただいています。

実績の話をすると、ネットショップをひとりで運営して「年商1億円を4期連続で達成」です。厳密に言えば、物流についてはは外注していますが、それ以外の、広告運用やSNSの発信、サイト内のブログを書いたりするコンテンツ制作なども、すべて自分ひとりでやっています。

SNSの成果については「LINEの登録者数は2・5万人」「インスタグラムのフォロワーは2万人」「メルマガ登録者数は1・5万人」になります。これもひとりで運営していまして、ちょっとした自慢です。

このように「ひとりでECを運営することにこだわる」活動を面白がってもらった結果、出版社さんに声をかけてもらい『ひとりEC』という書籍を2022年に出版させていただきました。いろいろな方に読んでもらいました。

ここまですべてが順調だったのですが、数年間でいろいろなことがありました。

2022年、前著である『ひとりEC』を出版しました。出版後は多くの方から反響をいただき、ミウラタクヤ商店も成長して絶好調でした。

そのまま順風満帆か？　というと実はそんなことはなく……。書籍出版後に、大きなスランプに見舞われたのです。売上は全盛期の6割程度まで落ち込み、「このままではミウラタクヤ商店は潰れてしまう」と危機感を抱くほどでした。目に見えて下がっていく数字に「本気でやばい」と強烈な焦りを感じた日々。今思い出しても胃が痛くなります。正直なところ、ちょっと調子に乗ってしまった結果だと思います。

売上低迷の原因は大きく二つ。一つは「ミウラタクヤ商店の成長要因だったメタ広告[※1]の運用効率が著しく悪化したこと」。二つ目は「アマゾンで類似する競合商品が増え、シェアを奪われたこと」です。

いつかは広告の効率が悪化することも、競合が増えればシェアが奪われることもわかっていたことなのに。目先の売上を伸ばすことにばかり目がいってしまい、小手先の改善しかしてこなかった……。そんな僕自身の考え方や姿勢こそが、スランプを招いた根本原因だと考えています。

そして今。スランプを乗り越えて売上を盛り返した僕は、大きな手応えを感じています。改善できた理由は、お客様に対して「何をするべきか、何ができるのか」を見直したことにあります。自分の発信内容を振り返ってみて、ネットショップとして、ブランドとしての価値がどこにあるのかを徹底的に考えたのです。

また、インターネットについて改めて冷静に分析しました。現代のお客様とのオンラインコミュニケーションの方法論を見直し、一から最適化を行った結果、ミウラタクヤ商店は活気を取り戻しました。

お客様へ「価値を提供するんだ」と強く誓おう。
価値を提供するために、適切なコミュニケーションを取ろう。

シンプルですが、この2点が改善の軸でした。
そして、売上の低迷期にはリカバリ策として「ひとりEC研究所」というオンラインサ

※1：メタ・プラットフォームズ（通称メタ）が提供する広告

ロンを開始しました。ひとりでECサイトを運営する「ひとりEC」な人たちが情報交換をしたり、リアルで交流できたりするオンラインサロンです。現在、200人以上のメンバーに参加していただいています（2024年1月現在）。

サロンを開設したことで、多くの「ひとりEC」の現場に触れ合い、たくさんのメンバーを支援する機会に恵まれました。食品、お酒、化粧品、雑貨などあらゆる商材におけるネットショップのノウハウも増えました。

方法論としても、メタ広告の運用方法、インスタグラムのDMを活用した顧客とのコミュニケーション、LINE経由でお客様と会話を盛り上げる方法、など多くの知見を手に入れました。

オンラインサロンでは、僕自身の経験や現状を見つめ直しながらサロンメンバーへアドバイスをします。アドバイスをもとにした実験がどのような反響を生み出したのか、効果分析まで行いますから、結果的に「これが今のECサイト運営の正解だな」と思える方法をいくつか見つけました。

そうした経緯を経て成長したこともあり、本書では現代のネット社会において必要な

ＥＣサイト運営のポイント、そして月間売上１００万円を達成するための具体的な方法論とマインドセットを、新たな気持ちで書かせていただきました。今、「ＥＣ運営の現場では何が起きているのか？」といった現場視点をもとに、超具体的な「ネットでものが売れる方法」をご紹介します。

メンタリティの話も多めですが、これは「考え方が結果を左右する」と感じることが多々あるためです。本書を読んで、気持ちのベクトルを良い方向へ変えるお手伝いができれば幸いです。

ひとことでＥＣサイト運営と言っても、売上の規模感によってやるべきことは異なります。本書では月間売上金額別に「10万円の壁」「30万円の壁」「１００万円の壁」という三つのステージに分け、やるべきポイント、考えるべきポイントをご紹介しています。

それぞれの壁には傾向があります。

まず10万円の壁につまずく人は「売れることはどういうことなのか？　何をしなければならないのか？」という「前提となる考え方」が不十分です。さらに前提がもろいので「顧客ニーズの把握ができていない」「ニーズが把握できていないから発する言葉選びが売れない言葉になっている」という状況に陥りがちです。10万円の壁では、その壁を突破します。

30万円の壁は「継続の壁」と感じています。最初の10万円は運的な要素でも売れる可能性は十分にあります。しかし30万円を売り上げるのであれば、ラッキー要素だけでなく、自力で能動的に注文を取りにいく必要があります。そのために「営業活動を継続する」というアクションが必要ですが、それが不十分な場合が多いのです。

30万円の壁突破のためには、SNSやメルマガを活用することで、継続的にお客様に営業活動をすることが不可欠で、もし「しっかり営業活動を継続的にできていない」と思う方にはたくさんの答えが書いてあると思います。

100万円の壁は「投資する意識の壁」と考えています。インターネット通販は初期コストを最大限抑えることのできるビジネスモデルですが、昨今の状況から考えても「しっかり投資（血を流す）しながら成長を目指す」ということができなければ、100万円の突破は難しいのです。だからこそ、ひとつの事業として「ネットショップを大きく伸ばすために必要な考え方とマインドセット、具体的な施策」を書かせていただきました。

本書がＥＣ運営に対するマインドを変えるきっかけとなり、みなさまの売上アップにつながることを祈っております。頑張って書いたので、ひとりＥＣ、または小規模のＥＣ運営で悩む方々にぜひ手に取っていただきたい一冊です。

三浦卓也

第2章

売るために押さえるべき根本的な考え方

第3章

月商10万円の壁を突破するための施策

第4章 月商30万円の壁を突破するための施策

第5章

月商100万円の壁を突破するための施策

第6章

突破の先へ。「売れ続ける」ための運営術

第1章

2年間で起きたEC環境の変化

激変したネットショップ市場の環境変化

「はじめに」で書いた通り、僕はこの2年間、ミウラタクヤ商店を立て直すまでに様々な苦労がありました。その中で、インターネットで商品を販売すること自体の環境変化も強く感じていました。

たとえば、ＳＮＳの発達やネット広告、インターネットでものを売るための環境の変化などです。

販売マーケットを奪い合う

最も大きな環境の変化は、競合が圧倒的に増えてしまったこと。

競合とは、売上を奪い合う「ブランドとしての競合」。ミウラタクヤ商店で言うと、サプリメントなどの健康食品を販売するプレイヤーがたくさん増えたということです。

たとえば、ミウラタクヤ商店で販売しているチャコールバターコーヒーや、プロテインなどの商品も、類似商品がたくさん出てきました。類似の競合商品によって売上が下がってきていることは肌で感じていました。

図表1-1　ミウラタクヤ商店

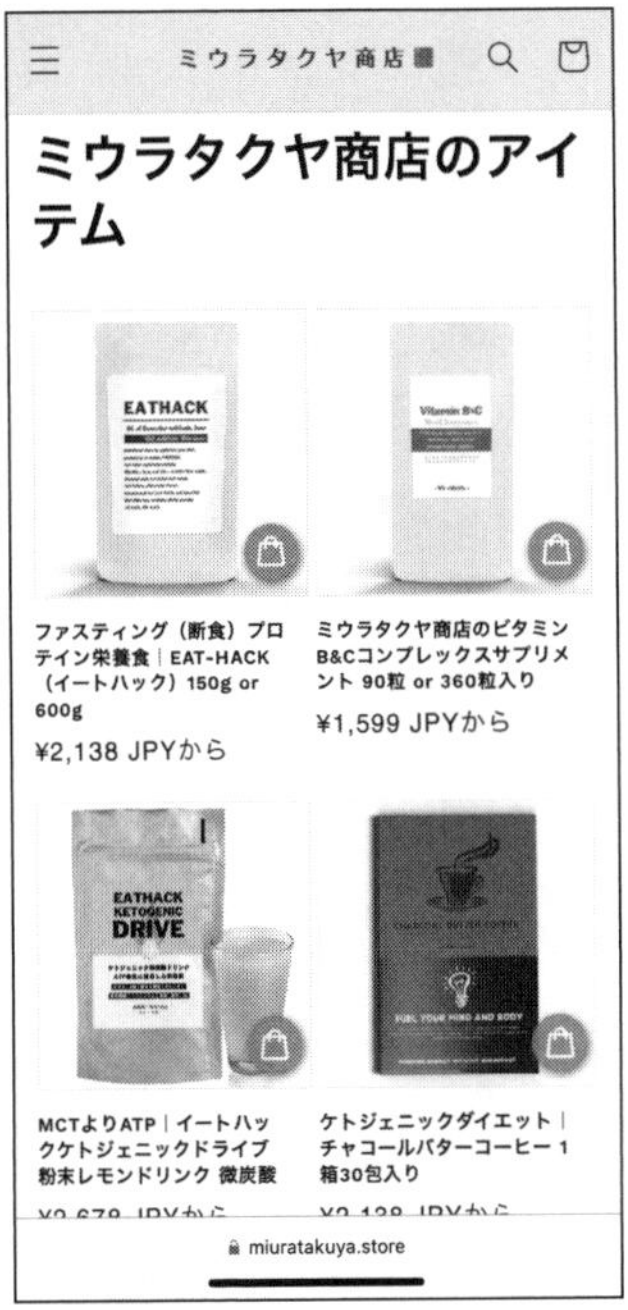

著者のECサイト。プロテインやサプリメント、チャコールバターコーヒーなどの健康食品を取り扱う
https://miuratakuya.store/

特に、アマゾンや楽天などのモール販売プラットフォームでは、欲しい商品を検索すれば簡単に商品が見つかります。「バターコーヒー」というニッチに思える商品カテゴリーでも、複数の選択肢があるわけです。選択肢が増えるほど、そのマーケットにおける売上シェアの獲得はハードルが高くなっていきます。

思いさえあれば商品が開発できる時代

クラウドファンディングなどを見てみてください。今まで商品はプロフェッショナルである「企業の人間」が開発していましたが、現代は知識がなくても、想いさえあれば素人の学生でも商品がつくれる時代です。

これは商品を受託生産してくれるＯＥＭ（Original Equipment Manufacture）の普及が影響しています。ＯＥＭを活用すればオリジナル商品は想像よりも容易に開発できますし、さらにＳＮＳやクラウドファンディングなどを使って集客すれば、誰でもオリジナル商品で勝負ができるのです。

ただし、商品開発のハードルが低くなることはチャンスである一方で、マーケットシェアを奪う競合が増えることでもあります。そう考えると、単純に競合が増えることで将来的に商品が売れづらくなっていくことも考えられます。これが物販を取り巻く現状です。

可処分時間を奪い合う競合が生まれた

またもう一つの競合も登場しました。「お客様の時間を奪い合う」という競合です。これはインフルエンサーなど、魅力的なコンテンツを投下するクリエイターとの戦いを指しています。以前はSNSのマーケットが今よりも発達しておらず、インターネット上で発信をするプレイヤーも少なかったため、特に意識する必要はありませんでした。ブランド側は発信さえしていれば、見てもらえていたように感じます。

しかし今はTikTok《ティックトック》やインスタグラム、ユーチューブなど、才能ある個人が魅力的な面白いコンテンツをつくり、情報を発信する時代になりました。人気のクリエイターたちはインフルエンサーとして非常に多くのフォロワーを抱えており、その影響力は増大しています。

ネットショップ運営者であれ、「お客様に時間を割いてもらう」という点では、空いた時間を奪い合うこと＝可処分時間を奪い合う競争に巻き込まれていると言えます。

●コロナ禍で激増したクリエイターたち

知り合いに、インスタグラムで200万人ほどのフォロワーを持つ人がいます。彼は大学が新型コロナウイルス感染症のため休校になり、将来への不安を感じたことから「何かはじめなければ」と、インスタグラムで発信をはじめたそうです。

話を聞くと、発信をはじめたのは彼だけではないと言います。彼の周りでもコロナ禍によるで環境の激変に危機感を持ち、発信をはじめる人が増えたそうです。コロナ禍もインフルエンサーが急増した大きな要因なのだろうと感じます。

彼らがつくるコンテンツは消費者を強く魅了します。消費者は次々と魅力的なコンテンツを求め「面白い情報を見ること」に時間を消費します。つまり、ブランド側の宣伝やECサイトを見る暇がなくなってきた、ということも示しているのです。

それこそアマゾンや楽天などのモールに来る消費者は、何かしら商品への興味があるから探しに来るわけですが、モール以外でのネット上の販路（Ｓｈｏｐｉｆｙ《ショッピファイ》やＢＡＳＥ《ベイス》などのＥＣシステムを活用し、サイトを構築した自社サイトと呼ばれるもの）はそうではありません。①そもそも買う気がないお客様に振り向いてもらう、②商品に興味を持ってもらう、③納得してもらう、④最終的に購入してもらう、というアクションが必要になります。

ＳＮＳのコンテンツは、商品の宣伝をメインとするＥＣサイトの発信よりも魅力的です。ＥＣサイトが発信する情報は基本的に商品に関するものであり、面白みに欠ける場合があります。クリエイターが増加し、魅力的なコンテンツがあふれている以上、ＥＣサイトの発信から認知を得ることが難しく、興味を引きにくい状況であることは十分に考えられます。

● ＥＣ運営のあり方を改善する必要がある

以前は、ネット通販自体にエンターテインメント性があり、インターネットで新しい商品を発見すること自体を楽しめる要素がありました。しかし、現在のネット通販では、商品が増え過ぎたため「新しくて面白い商品を見つけること」が難しくなっています。

しかも今は、インフルエンサーの楽しい発信に比べて、ECサイトは商品の宣伝ばかりでつまらない……。これではECサイトを見る理由がありません。インフルエンサーの発信からECサイトへ誘導するという新たな流れはできましたが、商品内容やECサイトのコンテンツだけで人を引きつけることが難しくなっていると考えられます。

そのため、これからのECサイトは運営のあり方を改善する必要があります。商品の販売だけではなく、お客様の日常に役立つ情報を発信したり、楽しませたりする取り組みを「強く意識する」ということです。

たんにエンターテインメントを提供するだけではなく、お客様に貢献すること、お客様に興味を持ってもらう確率を上げることが重要です。これらの取り組みが、今後のネット通販において不可欠となるでしょう。商品の競合だけでなく「可処分時間を奪い合う」クリエイターが競合になります。「振り向いて話を聞いてもらう＝時間の争奪戦」ということを意識しなければならないのです。

まとめ

- 最近のネットショップ市場は、OEMの普及によって商品開発のハードルが下がり、競合が増えやすい環境になった
- SNSで魅力的なコンテンツを発信するクリエイターが増加し、ECサイト運営者にとっては消費者の可処分時間を奪い合う新たなライバルとなっている
- これからのECサイト運営では、お客様に貢献すること、興味を持ってもらう確率を上げることが重要

今考えるべきEC運営のあり方①

「なんとなく」では誰も見てくれない。五つの要素を明確にしよう

ネットでものを売るEC業界では、まだまだ大きな誤解があります。それは「ECサイトをつくり、商品を出品さえすれば自動的に売上が上がる」という誤解です。

残念ながらECサイトは放っておいても利益を出すような自動販売機ではありませんか ら、たんにECサイトを構築するだけでは、売上を上げることはできません。集客経路を確立し、顧客の関心を引くために努力し、商品に興味を持ってもらって、納得してもらった上で、商品の購入を決断してもらう、というアクションを能動的に働きかけていかないと、ものは売れません。

つまり、ECサイトを運営するには、営業活動が不可欠であり、営業マンのようにアプローチすることが売れるためには不可欠なのです。その営業活動の中で、最も重要なの

は、自分たちが選ばれる理由を考え、顧客に提供できる価値を明確にすることです。商品を購入してくれる理由、お客様がリピート購入する理由を分析し、自社のコンセプトを徹底的に「わかりやすく明確に」して、お客様へ提示し続けることが重要です。

売れるECサイトに必要な五つのステップ

ECサイトの運営は商品の提供だけではありません。価値の提供やコミュニケーション方法の構築、お客様との関係構築など、多くの要素から成り立っています。競争が激化するECサイト運営を成功させるには、正しい努力のステップがあると僕は考えています。

ステップ① 営業活動

まずは営業活動。ECサイトの運営は営業活動の一環であり、商品を販売するためには積極的な営業戦略が必要です。たんに商品を並べて待っているだけでは売上は伸びません。外回りの営業マンのように積極的にお客様にアプローチし、商品やブランドをアピールするスキルが求められるということを念頭に置きましょう。

ステップ② 独自性の強調

そして独自性を明確にし、強調すること。「なぜお客様は自社のECサイトを選び、商品を購入し、リピート購入してくれるのか」を徹底的に分析しましょう。この分析を通じて、自社のユニークな価値提供ポイントを明確にし、それを強調することが大切です。自社のECサイトがほかと異なる理由をお客様へしっかり伝えましょう。

ステップ③ コンセプトの明確化

独自性を明確にすると同時に、コンセプトを確立し、ブランディングしていくことも重要です。自社がどのようなコンセプトを持ち、どのようなメッセージを伝えたいのか。この2点に基づいてコンテンツや商品ラインナップを構築し、自社ブランドの存在感を高めましょう。

たとえば、僕が運営するミウラタクヤ商店では「ケトジェニックで社会の脂肪を減らす」というコンセプトのもと、サイトコンテンツや商品の品揃えを通して、一貫して「社会の脂肪を減らす」ためのメッセージを発信し続けています。こうしたコンセプトがお客様の目にするあらゆるコンテンツから発せられるメッセージとなり、ECサイトのブランド力を高めてくれます。お客様はそうしたブランドのコンセプトを理解し共感することで、はじめて魅力を感じるのです。

ステップ④　SNSの活用

ステップ①の営業活動にはインスタグラム、LINEなどのSNSや、メタ広告などのSNS広告を活用しましょう。SNSのプラットフォームは広告やコンテンツの発信に適した場所ですし、お客様との双方向のコミュニケーションが促進される点も非常に有効です。SNSを活用して、自社のECサイトを広く知らしめましょう。

ステップ⑤　お客様との関係構築

最後に、お客様との関係構築に焦点を当てましょう。お客様とのコミュニケーションを大切にし、フィードバックを受け入れ、サービスを改善するのです。お客様の信頼を得ることが、長期的な成功の鍵です。

ＥＣサイトの運営は競争が激化しており、成功するためにはこうした努力が必要です。ここでお話しした①営業活動、②独自性の強調、③コンセプトの明確化、④ＳＮＳの活用、⑤お客様との関係構築が、ＥＣサイトの売上向上への重要なステップになると、僕は考えています。

「小規模サイトだから」「ひとりで運営しているから」という理由で実行しないのはもったいないことです。僕自身、実際ひとりでこれらのステップを回していますし、コンサルティングの場でもオススメしているくらいですから、思い切ってこれらのステップを着実に踏み、お客様に価値を提供するＥＣサイトを構築しましょう。

なお、これら5ステップの具体的な施策については、第2章以降で詳しく解説していきます。

まとめ

- ECサイトは自動販売機ではない。能動的にお客様へ働きかけ続けることが大切
- お客様に価値を提供するECサイトを運営するために、五つのステップを意識しよう

今考えるべきEC運営のあり方②

「売れなくなった」ではなく「売り方が変わった」ECサイト運営

大幅な売上の下落からの復活。僕がこの2年間を通して強く感じたのは「ECでものが売れる理由が明確に変わった」ということです。

売上が下がった当初は「競合が増えたから売れなくなったんだ」と悲観していましたが、環境に合わせて考え方と方法論を最適化していくと、売上は戻っていきました。「売れなくなった」ではなく「売り方が変わった」だけだったんです。

シンプルですが、僕の中でEC運営の鉄則は、次の項目に尽きると思います。

今の時代に合ったEC運営の鉄則

- 選ばれる理由を明確にする（第2章）
- 顧客ニーズの解像度を圧倒的に高める（第2、3章）

- 強いコンセプトをつくる（第3章）
- 顧客とのコミュニケーション方法を最適化する（第4章）
- コミュニケーション量を増やし影響力をつける（第4章）
- 適切な広告で人を集める（第5章）

第2章以降はこれらの鉄則を超具体的な方法に落とし込んでお伝えしていきます。ミウラタクヤ商店の運営で得た知見と、ＥＣ事業者向けに運営するオンラインサロンのメンバーと一緒に培った経験から導き出した答えを余すところなくご紹介します。読み終わった後にすぐにでも実践していただけるはずです。

本書を読み終わった後に「ＥＣ運営が楽しみで仕方がない！」と思ってもらえますように！

まとめ

- 環境は大きく変わったが、鉄則を守って売り方を変えれば楽しく続けられる！

今考えるべきEC運営のあり方③

100万円売りたいなら「起業している自覚」を持とう

僕がEC業界に参入した10年以上前と比べると、現在のECサイトは誰でも安くつくれる時代になりました。ECサイトの制作サービスの広告には、「初期費用無料・誰でも簡単に」という触れ込みがあふれています。

技術が発達して利便性が上がること自体は素晴らしいですが、心配になることがあります。オンラインサロンで出会うEC事業をしている人たちと話していると、「ECという事業は元手をかけずに売上を出すことができる。だから、できるだけお金は使いたくない」と考える人が多いのです。

はっきりと言います。これは明確な間違いです。

「副業で月に10万円を稼げれば御の字」と考える場合はそれでも良いかもしれません。しかし本業としてしっかりと取り組みたい、100万円の月商を目指そうというのであれば話が違います。

どんな規模であろうと、ECは「一つの事業」であり、あなたは「起業家」です。ましてや先述の通り、近年は昔よりも競争が激しく、売ることへのハードルが上がっています。だからこそ事業として成功させるためには、成長のための努力はもとより、第2章で後述するヒト・モノ・コトへの投資が必要です。

一つの事業として「ECという仕事」に真剣に向き合い、コツコツ努力し、マーケットの中で勝つというマインドを強く持ってください。失敗を恐れず、「事業を成功させるんだ」というゆるぎない意志を持ってください。

ECをやっている自分は「起業家である」という自覚を持ちましょう。SNS運用の講座を受けても、コンサルティングを受けて勉強をした気になったとしても、どれだけ小手先のテクニックを覚えたとしても、それだけでは足りません。

ここからがスタートです。
いよいよ次章から、売るためのマインドセットと方法論についてお伝えしていきます。

まとめ

- 「EC運営はお金をかけずに売れる」は間違い。激しい競争に勝つためにはヒト・モノ・コトへの投資は不可欠と考えよう
- ECは一つの事業であり、あなたは起業家。小手先のテクニックを覚えて満足せず、「事業を成功させる」というゆるぎない意志を持とう

第2章

売るために押さえるべき根本的な考え方

商品が「売れる理由」を把握し、自らデザインしよう

第1章では、近年のEC業界を取り巻く環境について書きました。競合が増えやすい環境となり、過去の方法で売上を上げることは厳しく、「なんとなく」でEC運営をしていても難しい。だからこそ、能動的に売上を取りに行く必要があると説明しました。

本章では、「売るために必要な考え方」の基礎をお話しします。押さえるべきメンタリティ、方法論をここで理解していただき、第3章からは具体的な目標を立て、ハードル別に壁を乗り越える方法をお伝えしていきます。

売るためには「売れる理由づくり」がすべて

僕はEC事業者向けのサロンのメンバーやセミナーを受けてくださった方に対して、

「どうして御社の商品が売れるんですか？」と質問をすることがよくあります。

実はこの質問に対して明確に答えられる人はあまりいません。

意外に見落としがちなのですが、ものが売れるという事象には、必ず「理由」が存在します。理由というのは「お客様が買ってくれた理由」です。なぜお客様は、あなたの商品を買ってくれたのでしょうか？「売れる理由」はどこにあったのでしょうか？

それを知るためにはまず、お客様が商品を購入するに至ったアクションを分解して考えてみましょう。たとえば、お客様がお店の存在に気づいた理由、商品に興味を持った理由、ＥＣサイトで商品説明文を読んだ理由、などが考えられます。

「理由」の把握ができると、営業活動が容易になります。なぜなら、「お客様が買ってくれた理由」とアクションの把握が、顧客ニーズそのものの把握につながるからです。

逆に言うと、理由なしにお客様が商品を買うことはまずありません。ですから、あなたの商品が買われる理由を徹底的に分析し、お客様への提案につなげることがとても重要なのです。

興味を持たれる理由、購入される理由。その理由付けができない商品は売れません。だからこそ、あなた自身が「売れる理由」をデザインしましょう。

まとめ

- 商品が売れるのには必ず「理由」がある。お客様の購入するに至った経緯を徹底的に分析し、あなた自身で「売れる理由」をデザインしよう

売れる理由のデザイン②

「ヒト」＋「モノ」＋「コト」＝100点で売れる理由が成り立つ

売れる理由をデザインするにあたり、どのような指標が必要になると思いますか？　僕は、売れる理由というのは「ヒト」「モノ」「コト」の3要素で成り立つと考えています。そして、この3要素を点数化して考えると、売れる理由がつくりやすくなります。

売れる理由の3要素①

ヒト要素

ヒト要素は、お店の愛され具合を示す要素です。たとえば、「店主に愛嬌がある」「面白いお店だ」「コンセプトに共感する」など。商品自体の機能性よりも、お店として愛されていることを指しています。

最もわかりやすい例は、繁華街にあるバーやスナックです。バーやスナックは食事を楽しむというよりはお酒を楽しむ場所。ですから同じスナックへ常連さんが足しげく通う理由は、おいしい料理や値段が安いから、というだけではないでしょう。店主の人柄が愛されている、お店の雰囲気が落ち着く、というようにお店自体の魅力が大きく影響するように感じます。

このように「誰から買うか」に着目して「ヒト」の点数を上げていくことで、ブランドとして「選ばれる理由」をつくり出すことができます。

サプリメント業界という超レッドオーシャン（競争の激しい市場）において、僕が運営するミウラタクヤ商店はそこそこの売上があり、お店を愛してくれる常連さんが多いと自負しています。

これは僕が「ミウラタクヤ（三浦卓也）への愛着を増やす」という考えのもとで運営している成果なのだと思います。僕は約5年前から「ヒト」の要素を育てて、売上を最大化することを考えてきました。

商品の機能や内容だけでなく、「ヒト」という要素も売れる理由の大きな要因になり得るのです。

売れる理由の3要素② モノ要素

モノ要素は、商品の機能性や技術力、デザインや世界観などを指します。つまり「いかにいい商品であるか?」というモノ周辺の諸要素で戦うことです。

5年以上前のEC業界では、売れる理由はモノ要素だけで簡単につくれたでしょう。ただ先述の通り、これからは競合が増えていく時代です。売り方を変えていかなければ勝てません。

たとえモノ要素で売れる理由づくりができていたとしても、目立てばすぐ競合に真似される（企画がパクられる）ことが考えられます。モノ要素の売れる理由は外的な環境要因によって容易にオリジナリティを失い、消えてしまう可能性をはらんでいます。

つまり、「モノの企画力」は売上を立てるために不可欠ではあるものの、モノの企画力だけで息の長い商売はできない、ということを肝に銘じておくべきです。

ミウラタクヤ商店は現在「ヒト」を育てる戦略へシフトしていますが、過去は「モノ」

に注力していました。ちょっとした自慢になりますが、実際モノ要素からヒット商品も生んできたと思っています。

しかし、ヒット商品を生むたびにパクられる経験もしてきました。パクられるたびに売上と顧客を奪われるので、実は毎日吐き気がするほどの、相当なストレスを抱えていた過去もあったのです。

そうした事情から、ある時期から「モノ要素ばかりに固執してはならない」と考え直し、今は「ヒト」と「コト」にリスクを分散させています。

一つの事業として長く続けていくためにも、モノ要素だけではなく「ヒト」や「コト」など別の要素を育て、組み合わせていく必要があるのではないでしょうか。

売れる理由の3要素③ コト要素

コト要素とはお客様へ商品を紹介する見せ方、「提案軸」と定義します。たとえばチョコレート菓子のキットカット。受験シーズンは「きっと勝つ」をもじってキャンペーンを打ち出し、バレンタインシーズンにはまた別の軸で打ち出していますよね。

ミウラタクヤ商店でも売れていない商品の提案軸を変えたところ、アマゾンでの1日の売上が10倍になったことがあります。第3章で説明しますが、「栄養価の高いプロテイン」と銘打って販売していた商品を、「断食専用のプロテイン」と提案軸を変えたことにより、劇的に売上を伸ばすことができたのです。

「栄養価の高い」と「断食専用」とでは、商品の根本的な見せ方、提案の仕方がまるで違います。大切なのは「根本的に変える」こと。小手先のデザインやキャッチコピーを変えるのではなく、訴求ポイントそのものを根本的に見直して改善しましょう。

このような改善は、誰にでも好まれる汎用的な提案軸を考えるというよりは、第1章でも触れた「コンセプト」を明確にし、ニーズを持つターゲットを絞り込んで売り込む手法です。「ターゲットを絞ると売上も少なくなるのでは?」と心配になるかもしれませんが、大丈夫。数字は絶対に上げられます。

この「ヒト」「モノ」「コト」という3要素が組み合わさり、合計点が100点になった時、ものは売れます。

まずは、あなたのブランドをどんな配分で売り込んでいきたいかを考えてみましょう。

その答えが売れる理由のベースとなり、ブランドの方針も固まってくると思います。
ちなみにミウラタクヤ商店を自己評価すると、次の配分になります。

ミウラタクヤ商店の3要素の配分

- ヒト要素：50点
- モノ要素：20点
- コト要素：30点

ヒト要素の配分が最も高いのは、僕自身の活動を「売れる理由」としてデザインしているためです。

まとめ

- 売れる理由をデザインするために必要な3要素は「ヒト」「モノ」「コト」
- 3要素の合計が100点になるように配分すると売れる理由が成り立つ

売れる理由の3要素は育てることで力を発揮する

3要素の説明を聞いて、「今していること」や「今できること」から考えようとした方もいるでしょう。その結果、現状の自己評価が低く、もしかしたら点数化や配分を考えること自体が難しかったりするかもしれません。そこでオススメなのは、「将来、こうありたい」という観点から考えることです。

例としてミウラタクヤ商店のケースをご紹介します。当店の場合、売れる理由は配分の高いヒト要素、つまり「三浦卓也」となるのですが、言い換えると「三浦卓也への信頼」だと言えます。

さらに、お客様が三浦卓也を信頼する経緯を分解すると、次のように整理できます。

信頼による商品購入プロセス

①三浦卓也はダイエットについて教えてくれる
②おかげでダイエットに成功した
③三浦卓也は信頼できる
④だからミウラタクヤ商店でサプリメントを購入する

①のダイエットについて教えるというサービスは5年前から行っています。実はその当時から、ヒト要素によって圧倒的に商品が売れるようになることを想定していました。つまり、「将来、こうありたい」というイメージからヒト要素に着目したわけです。

3要素は「こうありたい」と思うことから育てていこう

ヒト要素で売れるためには信頼が必要で、信頼を得るためには専門家を超えるような知識が必要になります。僕の場合は5年前から栄養や運動について徹底的に勉強を続けています。今や、パーソナルトレーナーの方や栄養カウンセラーの方から「詳しい！」と言わ

図表2-1　売れる理由の3要素をデザインする

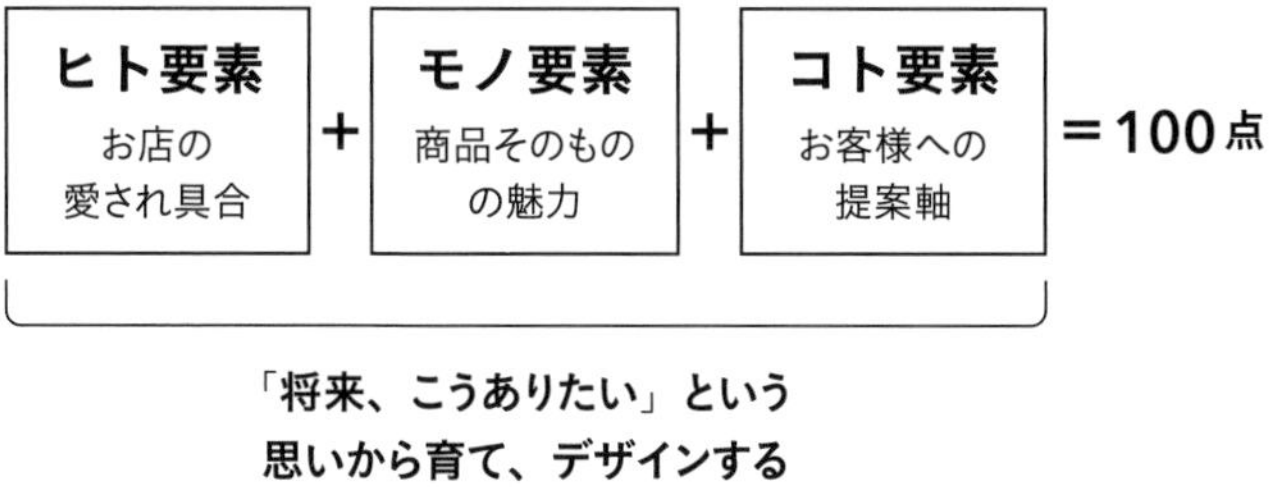

れるほど、専門的な知識を持つようになりました。

ミウラタクヤ商店においては、知識的な側面から評価を得る方法で、ヒト要素を「育て」ました。ヒト要素を育てた結果、大手の出版社からダイエット関連の書籍を2冊出版する機会にも恵まれました。

このように、ヒト要素を下支えする信頼のファクターは「育てる」ことができます。5年前の僕と今の僕では、知識量と経験がまったく違います。今だからこそ、信頼してくれるお客様もいます。知識や経験が豊富であればあるほど「この人は信頼できる」と感じるものです。

これはヒト要素に限った話ではありません。5年かけてモノ要素の世界観をブラッシュアップしていってもいいですし、コト要素においては、あなたにしかできない提案軸をつくってもいいでしょう。

ブランドやECサイトでの成功を考えた時によくあるのが「短期的に、今できることから売れる理由を考える」というパターンですが、これではせっかくはじめた事業も長続きさせるのは難しいと思います。将来的に「こうありたい」と思う軸から、あなたならではの100点満点を設計（デザイン）することをオススメします。

まとめ

- 3要素は育てることで力を発揮する
- 売れる理由を「今できること」からデザインするのはNG。長期的な視野で「将来、こうありたい」と思うことから設計しよう

売れる理由のデザイン④

会話によってお客様の解像度を徹底的に高めよう

売れる理由をデザインするにあたり、最も簡単な方法は、お客様の解像度を高めることと。みなさんは、自分の商品がどんな人に購入され、使われているのかどれくらい知っていますか？　お客様がどんな人なのか、パッと思い浮かぶでしょうか？　もしそうでないなら、先述した「お客様が買ってくれた理由」すなわち「売れる理由」も曖昧なのではないでしょうか。

すでにECサイトをはじめている人なら、ぜひお客様に直接ヒアリングしてみてください。というのも、むやみに自分自身でリサーチをするよりも、お客様に直接聞いたほうが、インサイト（購入するに至った根拠や動機）を明確に把握できるからです。ヒアリングをする際に大事なのは、一人ひとりのお客様と徹底的に話をさせてもらうこと。簡易的なアンケートをばらまくのではなく、お客様の言葉を直接聞きましょう。

一問一答の画一的なアンケートで真のニーズを聞き出すことは、ほぼ不可能です。会話量を積み重ねるほど「自分たちの商品価値はこれなんだ」「自分たちが進むべき方向はこれだ」とわかります。

多くのお客様と1対1で会話し、ガンガン質問させてもらってこそ意味があります。

顧客の解像度が劇的に高まる、お客様との簡単な対話方法

ヒアリング方法は簡単です。自分のお店でメルマガのリストがあれば、インタビューを依頼するメルマガを送る。インタビューをする時間がないお客様には、SNSのDMを使ってテキストでインタビューをさせてもらうといいでしょう。

僕がオススメしているのは、インスタグラムとLINEのDMを活用してお客様と会話させていただくこと。ただ、もしSNSのフォロワーが少なくてインタビューができないのであれば、メルマガ上でインタビューを依頼し、SNSへ導線を張ることも有効です。

聞くことは二つだけ

- なぜ商品を買ってくれたか？
- 商品を買ったことで、生活にどんな影響があったか？

この質問をすると、顧客ニーズが大体わかります。なぜなら、お客様が商品を買った理由こそが、お客様のニーズだからです。インタビューをすれば一発でお客様のニーズが見えてきます。

もしまだお客様がいない、少ないという場合は、ＳＮＳのフォロワーに協力してもらいましょう。ＤＭで「なぜフォローしてくれているんですか？」とメッセージを送るのです。意外かもしれませんが、フォロワーの方はしっかり返信してくれる方も多いですから安心してください。

なぜ商品を買ってくれたのか？　お客様がどんなことを考えているのか？　お客様の解像度を高め、顧客ニーズを把握する一番の方法はインタビューです。

インタビューでは必ず「ツッコミ」をしよう

ただ、いくつか注意点があります。まず質問する際の注意点は、一問一答で終わらせようとしないこと。会話のラリーを続けようと努めることが大切です。

お客様の解像度は会話量に比例して高くなっていきます。逆に一回の質問と回答だけでお客様を理解できることは絶対にありません。お客様に答えていただいた後はツッコミを入れるよう意識しましょう。

よくある失敗パターンが、お客様から曖昧な回答をもらったにもかかわらず、ツッコミを入れずにインタビューを終了させてしまい、結局何もわからないというパターン。これではせっかくのインタビューの時間も無駄になってしまいます。

たとえば商品の購入理由を聞いた時に「おいしかったから」と回答があったとしたら、どう思いますか？

「おいしかった」のは、購入のきっかけではなく、購入後の感想です。このことに気が付かず、「おいしかったから買ってくれた」を起点に顧客ニーズを想定してみてください。おそらく何も思いつかないはずです。

また「おいしい」という表現も曖昧なものです。「甘さが控えめなのがいいのか？」「そもそも他のメーカーと比べてどうなのか？」など、ツッコミどころはたくさんあります。「ツッコミを入れて何度も質問するのは失礼になるのでは？」と思うかもしれませんが、曖昧な顧客理解のままで終わらせてしまうほうがよほど失礼です。せっかくお客様が時間を割いてくれているのですから。

図表 2-2　お客様へのインタビュー

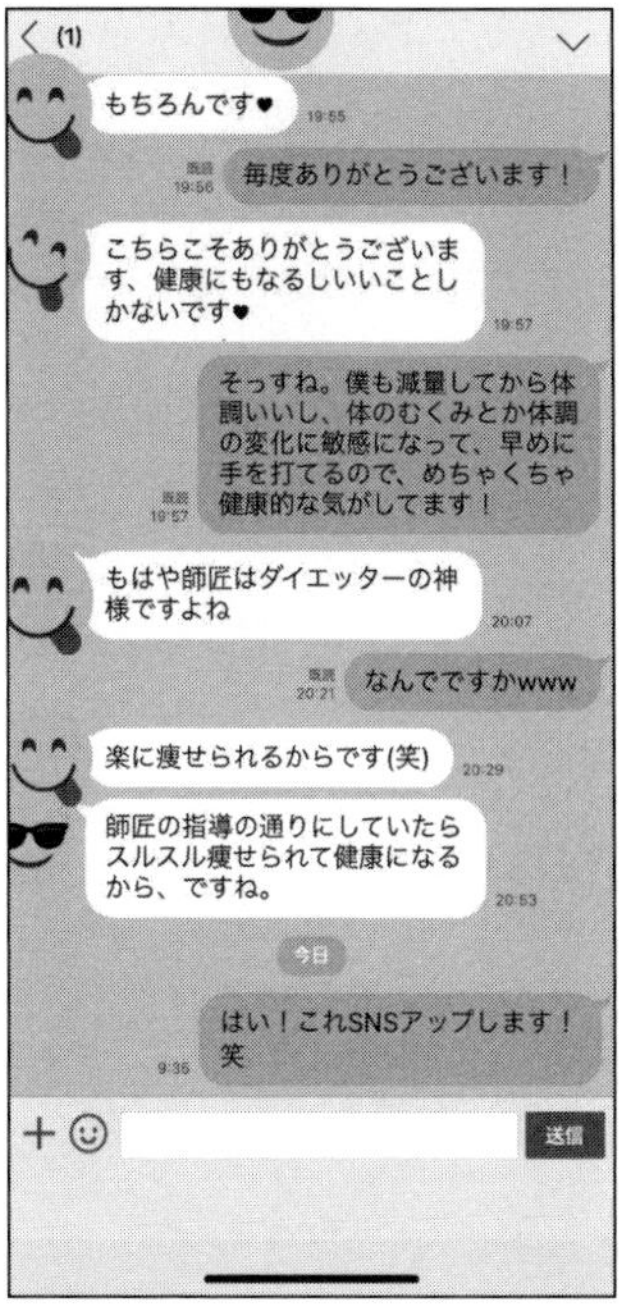

(1)
もちろんです♥
19:55
19:56
毎度ありがとうございます！
こちらこそありがとうございます、健康にもなるしいいことしかないです♥
19:57
そっすね。僕も減量してから体調いいし、体のむくみとか体調の変化に敏感になって、早めに手を打てるので、めちゃくちゃ健康的な気がしてます！
19:57
もはや師匠はダイエッターの神様ですよね
20:07
20:21
なんでですかwww
楽に痩せられるからです(笑)
20:29
師匠の指導の通りにしていたらスルスル痩せられて健康になるから、ですね。
20:53
今日
9:35
はい！これSNSアップします！笑
送信

1対1で直接会話することで、アンケートでは得られない真のニーズが把握できる

まとめ

- 売れる理由のヒントを見つけるならお客様へのインタビューがオススメ。簡単なアンケートではなく、一人ひとりのお客様と対話をしよう
- お客様の解像度を高めなければ意味がない。インタビューをする際は曖昧な回答で納得せず、「ツッコミ」を意識しよう

売れる理由のデザイン⑤

自分が貢献できることを考え、顧客体験に還元しよう

第4章で詳しく説明しますが、売上の基本構成は「新規顧客＋リピーター顧客」から成り立ちます。ぼんやりした施策で偶然売れたとしても、ニーズが把握できていなければ、リピートにつなげるのは難しいでしょう。継続的に売上を上げるためには、お客様のニーズを明確に理解して、リピートしたくなる仕掛けをつくる必要があるのです。

繰り返しになりますが、お客様に喜ばれる良いお店を運営するためにも、質問の答えにはできるだけツッコミを入れて、お客様のニーズを詳細に把握するようにしましょう。

また、DMでインタビューを依頼した際に返信がないからと一回で諦めてしまうのも、大変もったいないことです。返信がない理由は、お客様が答えたくなかった可能性も充分考えられますが、「聞き方が悪かった」という可能性もあるからです。

だからこそ一度で諦めず、依頼の仕方を変えて返信してもらえるように努力しましょう。すべてのビジネスは、お客様のニーズからはじまります。ニーズが把握できていないブランドは絶対に売れません。売れたとしても、売れ続けません。

インタビュー後に考えるべきは「自分が貢献できること」

ここからは、インタビューでニーズを聞いた後にどうすればよいかをお伝えします。

おそらくニーズは一つではありませんから、まずは聞き出したニーズを整理しましょう（ニーズを整理し、言語化する方法は第3章で解説）。そして必ずやるべきなのが、把握したニーズに対して「自分が貢献できる部分はどこか」を考えることです。

「貢献できる」とは役に立つということ。商品を通して、お客様により良い体験を提供するということです。今持ち合わせている自分の能力と将来身につけたい能力の中で、ターゲット顧客に貢献できることを考えましょう。これは先述した「売れる理由の3要素」のうち、どちらかと言えばヒト要素とコト要素を育てることによって、顧客体験を高めていくような考え方です。

そもそも良い商品を提供することだけが貢献とはかぎりません。たとえば「教える」という行為。商品情報だけではなく、得られたニーズに応えるような様々な情報を、メルマガやSNSを駆使して発信する＝教えることにより、顧客体験の質を高めていく努力をすることで、ヒト要素は間違いなく育ちますし、コト要素を考える際のヒントにもなります。

自分のブランドがお客様の人生にプラスになってこそお金はいただけるもの。僕はそう考えています。インターネット上の商売はお客様の顔が見えません。ですからつい自動販売機のような無機質な商売をしている感覚に陥りがちですが、実際はリアルなコミュニケーションの延長線上にある商売です。

みなさんは、良い接客を受けた時や購入後のサポートが充実していると感じた時、お金を支払ったことを悔やんだり、返品や返金を要求したりはしないでしょう。そのような関係性をお店側の視点で見れば、お客様の役に立つからこそ、お金をいただけるものなのだ、ということが想像できるはずです。

だからこそ、お客様から得られたニーズを大切にして、自分が貢献できることをたくさん考えましょう。図表2－3にこれまでの話をまとめました。顧客ニーズを把握し、貢献できることを考えることは現状把握の最終地点です。ここから何を実行していくかは、「将来、こうありたい」という未来の構想をもとに、売れる理由の3要素をいかに育てていくかにかかっています。

●ニーズも大事だが、何より自分の意志が重要

自分が貢献できることを考える。この時に一つ気をつけてほしいことがあります。それは、「自分が何を成し遂げたいか」をないがしろにしないこと。「お客様のニーズはこれだから」という理由だけで、貢献する分野を決めてしまうことはオススメできません。

マーケティング用語に「マーケットイン」と「プロダクトアウト」という言葉があります。マーケットインはマーケットの様子を見て商品を投入する考え方。プロダクトアウトは、つくり手の視点を優先して商品を投入するという考え方です。

最近は「成功確率が高いのはマーケットイン」とされる風潮を感じますが、僕はそう

図表2-3　売れる理由のデザインまとめ

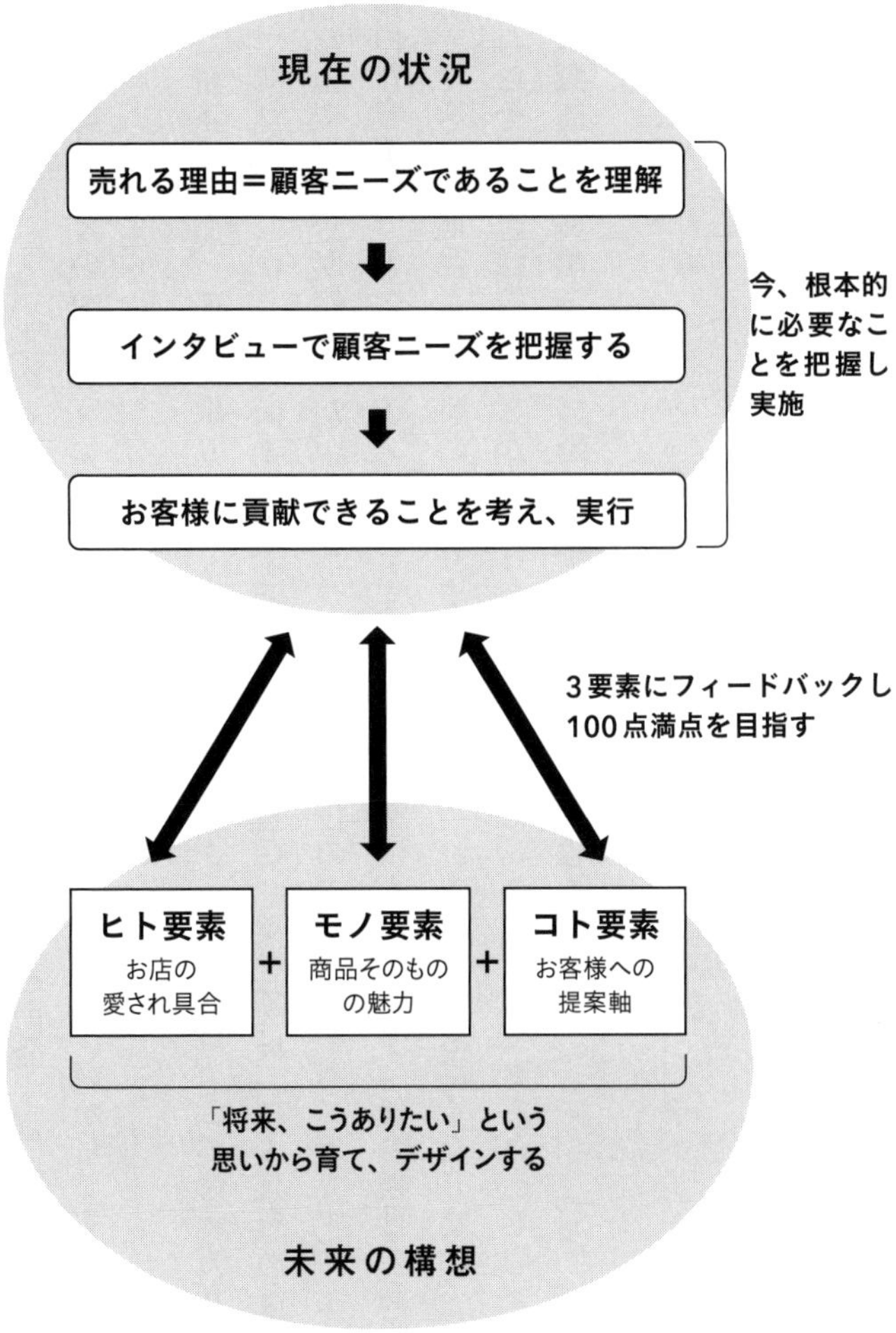
現在の状況
売れる理由＝顧客ニーズであることを理解
インタビューで顧客ニーズを把握する
お客様に貢献できることを考え、実行
今、根本的に必要なことを把握し実施
3要素にフィードバックし100点満点を目指す
ヒト要素
お店の愛され具合
モノ要素
商品そのものの魅力
コト要素
お客様への提案軸
「将来、こうありたい」という思いから育て、デザインする
未来の構想

思ってはいません。というのも、マーケットばかりを見て商品を開発すると、「顧客ニーズの最大公約数」といったような、ぼんやりとした商品しか完成しないからです。

大きな資本を持ち、マスを取りに行くようなプロジェクトの場合は、この考え方が必須になるでしょう。しかし、年商1億円未満の小規模なECサイトでは、ニーズをある程度把握した上で、自分が発信したいと思うプロダクトを世の中に投入するべきです。

小規模な事業でマーケットインに偏重するのはリスクにもなります。競合他社の商品と差別化ができない商品となる恐れもありますし、真似される可能性も高くなります。

だからこそ、お客様のニーズからあなたが持つエッセンスで貢献できることを考え、あなたの「意志」で貢献できる分野を探すことをオススメします。

まとめ

- 顧客ニーズを把握して、自分が貢献できることを探ろう
- 最後は自分の意志で。プロダクトアウトの姿勢で考えよう

運営者の心構え①

ＥＣ運営はコミュニティ運営でもあると心得よう

お客様は神様。それは本当でしょうか？

誤解を恐れずに言いますが、僕はそんなことは思っていません。ＥＣサイトは商品を買ってもらう場所ですが、同時に「コミュニティの場」だと考えています。

僕がリーダーとなり「健康とダイエット」を目的としたお客様を連れてくる。この時点でお客様はブランドのコミュニティの一員となります。そしてミウラタクヤ商店では、主にＳＮＳを通して健康とダイエットに役立つ情報を提供するとともに、お客様同士が同じ目的意識を持つ仲間として情報共有を楽しむ。購入の場だけでなく、コミュニティの場として運営することでお客様の体験価値が上がるのです。

現代はＳＮＳが発達し、事業者と消費者がコミュニケーションを取ることが容易になりました。結果、顧客接点をつくること自体の価値は下がり、「コミュニケーションの質」に重きを置かれるようになったと感じています。

だからこそ、僕は「お客様は神様」という一方的な関係性ではなく、フラットな立場で関係性を築くコミュニティづくりを大切にしています。

図表2-4　コミュニティの例

著者のインスタグラムの投稿には、ダイエットに関する質問が多く寄せられ、お客様同士はもちろん、著者とも気軽に交流できる場として機能している

時にはお客様を選別する覚悟も必要

さらに現代において、僕がブランドとして考えるべきポイントは「自分と価値観が合わない人とコミュニティをつくらない」ことだと考えています。

おこがましく聞こえるかもしれませんが、要は「話が嚙み合わない人をお客にしない」ということです。自分のブランドメッセージをブラさないために「付き合わない人を決める」ことは大切です。

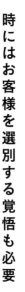

一つの村があると想像してください。村民たちはルールを守り、同じ価値観の中で楽しく暮らしているところに「無法者」がひとり入るとどうでしょう。村の空気は間違いなく悪くなるはずです。これは極端な例ですが、あるブランドのコミュニティにおいて、ひとりの無法者がルール違反をしたためにサービスが終了に追い込まれる、ということが実際に起きています。

コミュニケーションの質に重きを置かれる今、ブランド運営者には、コミュニティを引っ張るリーダーシップが求められます。「価値観の合わない人からの注文はいらない」と言えるくらいの顧客を選別する覚悟が大事なのです。

まとめ

- 「コミュニケーションの質」に重きを置かれる今、ECサイトをたんなる購入の場ではなく、コミュニティとして育てるリーダーシップが求められている
- ブランドメッセージをブラさないためには顧客を選別する覚悟が大事

運営者の心構え②

営業マンの意識と「先義後利」を大切にしよう

「売るために必要な根本的な考え方をお話ししてきましたが、最も重要な心構えをお伝えして本章を締めくくりたいと思います。それは「営業マンの意識を持とう」です。

繰り返しになりますが、ECサイトは自動販売機とは違います。運営者はものを売るためにシステムをいじくり回すことが仕事ではありません。顧客の感情をいい意味で揺さぶり、感動を提供し、最終的にお金をもらえるよう努力する。これが正しい道筋です。

前著『ひとりEC』でもお伝えしましたが、僕が最も大切にしているのが「近江商人の精神」です。「売り手によし、買い手によし、世間によし」みんなが幸せになれる「三方よし」の場所をつくることがEC運営において大切なんです。

ECサイト運営者は「お客様を幸せにする営業マン」となり、ECサイトとSNSのアカウントを育て上げましょう。コミュニティを盛り上げたり、役立つ情報を発信したり、お客様へ先に義理を提供して、利益は後からいただく。「先義後利」の精神が大切なのです。

ECサイトを運営するためのビジネス本なのに、精神論のこってりとした話になってしまいましたが、お話しした内容はECを運営するすべての人に不可欠なメンタリティです。このメンタリティを持っているだけで、間違いなく他のECサイトと差別化できます。

第3章からは具体的な施策をお伝えしていきます。月商10万円の壁・30万円の壁・100万円の壁をハードルとして、それぞれの壁を突破するための、ミウラタクヤ商店で成功した手法を余すところなく書き綴ります。

ぜひこのメンタリティを念頭に置きながら、これからお伝えする手法を取り入れてみてください。

まとめ

- ＥＣ運営には「三方よし」「先義後利」の精神が大切。お客様に感動を与え、幸せにする営業マンとしてＥＣサイトとＳＮＳアカウントを育てよう

第3章

月商10万円の壁を突破するための施策

10万円突破の心構え①

検証と改善を繰り返し「能動的に売った」という手応えを

第3章からは、「月商10万円の壁を突破する」という目標を立て、ネットショップで売上を上げていくための具体的な施策をお伝えしていきます。

その前にまず、心構えとして、読者のみなさんに伝えたいことがあります。

売上を伸ばすために根本的に必要なことは、「行動して結果を検証し、改善を繰り返していくこと」です。第2章では顧客ニーズの把握→お客様に貢献できることを考える、という現状把握（検証）と、「将来、こうありたい」という思いから、売れる理由の3要素を育てること（改善）が大事であることを強調しました。というのも、「なんとなく売れた」という手応えで目標月商を達成していくと、いつかは成長が止まってしまうからです。

率直なところ、運が良ければ月商10万円は達成できる金額だと考えています。商品がたまたま当たって10万円を突破することもあり得ます。

ただ、運よく一時的に月商10万円を達成した場合は伸び悩む、というのがよくあるケースです。なぜならば売れた理由が「なんとなく」だからです。「なんとなく売れた」というのはあくまでラッキーパンチであって、売れる理由を把握できないというのは事業としてむしろよろしくない状況なんです。

事業を成長させるのに大切なことは「検証と改善の繰り返し」です。必ず「なぜ売れたのか?」を納得いくまで考え(検証)、結論をもとにした運営(改善の繰り返し)を心がけましょう。運任せではなく、あくまで「自分が能動的に売った」という手応えを感じ、そのための状況をつくり上げていくことが大事なのです。

まとめ

- 「なんとなく売れた」では成長は止まってしまう。現状を把握して検証、改善を繰り返すことで「自分が能動的に売る」という状況をつくろう

10万円突破の心構え②

ネットショップ運営は営業活動。売るための努力が何よりも大事

もう一つ心構えについてお話しします。前章でも触れたのですが「ネットショップは立ち上げれば自動的に売れる」と勘違いをしている方がまだまだ多いようです。

100歩譲って、アマゾンや楽天などのモールの中ではそのような状況はあり得ます。モールへ来る人は「商品の購入を目的にしている」場合が多いからです。

ネットショップへの致命的な誤解を捨てよう

しかしShopifyやBASEといったサービスを利用した、独自ドメインのネットショップは勝手が違います。SEO対策が不十分、かつ商品の認知が低い中で、サイトに人が訪れることはまずありません。その状況はまるで、人も来ない、何もない、田舎の

原っぱにぽつんとお店をつくるようなものです。自分から情報発信し、積極的に売り込まなければ、まず売れないのは明白でしょう。

断言しますが、独自ドメインのネットショップで商品を売りたいのなら、集客やSNS発信などの努力は不可欠です。「何もしなくても売れる」なんて期待は、1ミリも持たないでください。

ネットショップ運営は営業活動そのものです。営業してこそ売上は上がります。インターネットという舞台の中でガツガツ営業して収益を上げるものです。

ネットショップは「個人も手軽にお店が持てる」という画期的な流れをつくりました。それはとてもいいことです。しかし同時に、「元手をかけずに稼げる」という誤解も生みました。

こういうお話をすると「じゃあネットショップは儲からないのか？」と言われますが、事業としても投資先としても、ネットショップは最適だと考えています。ネットショップは、努力次第でミドルリスクハイリターンを可能にするものです。正しい形で頑張りさえすれば、10万円、30万円、１００万円など「月商の壁」と感じられていたハードルをクリアしていける事業です。本書でお伝えしていることを信じて、実践してみてください。

10万円の壁が100万円を売る基盤になる

本書では月商金額別に壁を設定し、それぞれのレベルに合わせた具体的な施策をお伝えします。一見するとそれぞれが別の施策であるように見えるかもしれませんが、そうではありません。すべては積み重ねです。

月商100万円を突破するには30万円の壁を突破する必要がありますし、30万円の壁を突破するには、まずは10万円の壁を突破しなければなりません。

要は100万円を突破する基盤は10万円の壁の突破方法だということです。10万円の段階でも少しハイレベルに感じるかもしれませんが、これはネットショップ運営の基礎となる施策を講じることであり、ここで固められた基盤はすべて100万円の突破につながるものです。そのつもりで根気強く読んでいただけるとうれしいです。

まとめ

- 「ネットショップは立ち上げれば何もしなくても売れる」そんな幻想は捨てよう
- ネットショップは事業としても投資先としても最適。正しい形で頑張れば稼げる！
- 10万円の壁を突破する方法は、30万円・100万円の壁を突破するための基盤

顧客ニーズの把握①

顧客の悩みを解決するという認識で商売することが大事

ここから具体的に10万円の壁を突破する施策をお伝えしていきます。

インターネットビジネスの話になると「マーケティング手法を駆使して大きな売上を上げる」といった話が多いですが、僕がみなさんに一番大切にしてほしいのはそこではありません。そもそもお客様からお金をいただけるのは、お客様の役に立ったから。つまり、お客様への貢献が商売の本質です。商売はサイエンスではありません。

そして、お客様の役に立つために考えるべきは顧客ニーズです。インタビューなどを利用して、顧客ニーズを徹底的に把握することで、前章で説明した「売れる理由」を明確にするためのヒントがたくさん見つかります。

ですからここからは顧客ニーズの把握の仕方をたくさんご紹介します。顧客ニーズを徹底的に把握して、エッジの立つ「売れる理由」をデザインしましょう。

●顧客ニーズの基本となる考え方

顧客ニーズの根本には、①人生における悩みを解決したい、②自分の生活をより良くしたい、という二つの思いがあります。この認識は絶対的に大事です。

顧客ニーズの把握なしには競合と差別化できるブランドは立ち上げられませんし、ぼんやりと把握しても意味がありません。解像度の高い顧客ニーズの把握が大切なのです。

① 人生の何の悩みをどのように解決したいのか
② 自分の生活をどのように良くしたいのか

これら二つの基本を必ず念頭に置きましょう。次節から具体的な方法をお伝えします。

まとめ

- 商売の本質はお客様の役に立つこと。解像度の高い顧客ニーズを徹底把握しよう

顧客ニーズの把握②

まだ顧客がいない場合でも、ニーズを知ることのできる三つの方法

現在ネットショップを立ち上げ中で、「まだ顧客がいない」という場合は次の三つの方法がオススメです。

ニーズの把握方法① 友達にアイデアの壁打ちをしてもらう

自分が構想している事業について、ターゲットになりそうな友達に聞いてもらい、フィードバックをもらってみましょう。同時に友達が抱える悩みを聞いて、想定されるターゲットの悩みを考えます。

自分が想定していたことと違った、というのはよくある話です。ターゲットになりそうな身近な人のリアルな悩みを知り、自分のビジネスを考えるようにしましょう。

ニーズの把握方法②　Yahoo!知恵袋で話題になっている質問を調べまくる

自分のビジネスのターゲットとなりそうな人が検索しているキーワードを、Yahoo!知恵袋で検索してみましょう。

Yahoo!知恵袋にはあらゆるジャンルの悩みがたくさん集まります。話題になっている質問から、自分がターゲットとする層に近い悩みを見つけましょう。

匿名ならではの生々しい話も多く、具体的な内容が非常に多いプラットフォームなので、解像度の高いターゲットの悩み、つまりは顧客ニーズを知ることができます。

ニーズの把握方法③　SNSアカウントをつくり、インタビューさせてもらう

フェイスブック、X（旧ツイッター）、インスタグラムなどのSNSアカウントをつくり、SNS上で顧客ターゲットに近い人、あるいは関連する悩みを持っていそうな人へ飛び込みでインタビューをさせてもらいましょう。

先日、フェイスブックのメッセンジャー経由で京都の大学生から「自分がしている研究

の中で、三浦さんの話を聞きたいと思いました。ぜひ一度お話を聞いていただけないでしょうか？」と飛び込みのメッセージをいただきました。従来であればこうしたお話はお断りすることが多いのですが、自分も興味のあるテーマだったため、お受けしてお話をしました。とても具体的な話ができたと思います。

他にも、チャンネル登録者数２００万人を超えるユーチューバーから「Ｓｈｏｐｉｆｙのことを教えてください」と、飛び込みのＤＭをいただいたこともあります。その時も喜んでお受けしました。

お客様でない人にＤＭを送ることは、僕自身それほど実践しているわけではないのですが、一つの効果的な手段だと感じています。すべての人が受け入れてくれるわけではありませんが、試す価値があります。ぜひ勇気をもってチャレンジしてみてください。

まとめ

- まだ顧客がいない場合でも顧客ニーズを探る方法はある
- ここで紹介した三つの方法にチャレンジしてみよう

顧客ニーズの把握③

すでに顧客がいる場合は、徹底的にインタビューしよう

第2章でも触れましたが、ネットショップをすでに運営していて、数十人から数百人の顧客がいる場合は、購入いただいたお客様にSNSやメルマガでインタビューを依頼してみましょう。インタビューは意外に見落としがちなポイントですが、まず売上を立てるために、お客様の声を聞くことを意識的に行ってみてください。

マーケティングで定番の方法は「アンケート」ですが、僕の経験上、たいした情報は得られません。ましてや解像度の高い顧客のニーズを把握するのは難しいと考えています。厳密に言えば、ざっくりした情報把握はできるが、事業成長に直接役立つ情報収集には向いてない、ということです。

だからこそ、ひとりのお客様からじっくりヒアリングできるインタビュー形式をオスス

メしています。

インタビュー形式というと難しく感じるかもしれませんが、比較的簡単な方法がありま す。僕がオススメするのは「チャットインタビュー」です。

これはインスタグラムやLINEなどの1対1のDM機能を活用して、お客様に事細かに質問させてもらうという方法です。テキストでのやりとりになりますが、チャットインタビューから得られる情報量はアンケートより圧倒的に多いのです。

ご紹介した方法を参考に、ご自分が取り組みやすい方法でインタビューを実施してみてください。

オススメのインタビューツールはLINE

最もオススメのSNSはLINE公式アカウントです。まだLINEのアカウントを持っていない、あるいは友だちになっている人が少ない場合は、他のSNSやメルマガからLINEへ誘導しましょう。

図表3-2　LINEでの質問受付

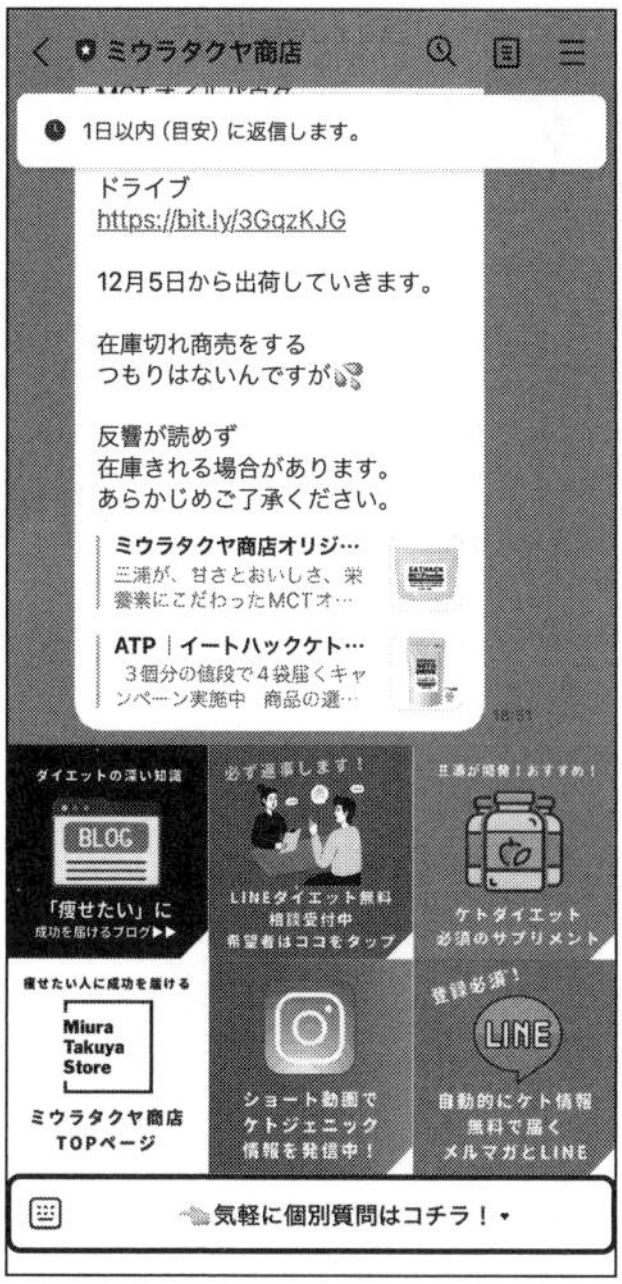

LINEメッセージの画面下に、「気軽に個別質問はコチラ！」というボタンを配置した例

図表3-1　LINEへの誘導リンク

インスタグラムの投稿の最後に、 LINE登録を促す画像を1枚差し込んだ例

誘導する際は「お客様にインタビューをさせてほしいので、お答えいただける方はＬＩＮＥでご連絡ください」というご案内とともに、ＬＩＮＥ公式アカウントのリンクを貼りましょう。

僕がＬＩＮＥをオススメする理由は「日本だと誰でも使っているＳＮＳだから」です。誰も疑うことはないでしょうが、現代のコミュニケーションツールとしてＳＮＳは欠かせない存在です。生活にも深く浸透してきました。そんな時に考えるべきは「どのＳＮＳが相手方にとって最も使い心地が良いか？　どのＳＮＳが一番使い慣れているか？」ということ。

もちろんインスタグラムもフェイスブックも膨大なユーザーを持ち、「使い慣れている人たち」がたくさんいます。しかし、身の回りの環境を見直してみると「インスタグラムはやってないけど、ＬＩＮＥはやっている」という人はたくさんいます。

そういった意味で「日本人が最も使い慣れていて、生活に浸透しているＳＮＳ」としてＬＩＮＥは顧客との対話に最も有効。ぜひ、ＬＩＮＥでインタビューをすることをオススメします。

インタビューをする前に必ず覚えておいてほしいこと

インタビューの質問内容については第2章の復習も含みますが、大事なことなのでもう一度確認しましょう。

インタビューのコツ① 起点となる質問は二つ

- なぜ商品を買ってくれたか？
- 商品を買ったことで、生活にどんな影響があったか？

この二つを起点にインタビューしましょう。

商品を販売する事業者として大切なことは「買ってもらえる（売れる）理由づくり」です。実際にお客様が買ってくれた理由が最も役立ちます。

インタビューを通して「購入理由を聞く」だけで、あなたのネットショップは確実に成長します。購入理由＝顧客ニーズが具体的にわかり、自分がどんな行動を取るべきなのかが見えてきます。

インタビューのコツ② ツッコミを入れる

実際にインタビューするとわかるのですが、様々な答えが返ってきます。詳しく丁寧に答えてくれる人もいれば、ひとことで返事をする人もいます。

ブランドを成長に導くためには、解像度の高い顧客ニーズの把握が重要。曖昧な理解で終わらせず、具体的なニーズを徹底的に聞くようにしましょう。

ミウラタクヤ商店での事例をお話しすると、プロテインを購入されたお客様へ「なぜプロテインを購入してくださったんですか？」と質問すると「プロテインが欲しかったから」と返事をいただくことがあります。

ここで納得して「プロテインが欲しかった」を顧客ニーズと捉えるのは大きな間違い。この場合に質問者が取るべき行為は、繰り返しになりますが「なんでプロテインが欲しかったんですか？」とツッコミを入れることです。

想像してみてください。プロテインが欲しいというニーズは、あまりにもざっくりしています。この回答をブランディングに活かそうとしても、何の役にも立ちません。この状態でインタビューを終えてしまうのは、時間の無駄になります。

ここでツッコミを入れるだけで、インタビューは有益な時間に変わります。ちなみに先ほどの例でツッコミを入れると、このような展開が生まれます。

僕「なぜプロテインが欲しかったんですか?」
お客様「プロテインを飲めば痩せると思ったので」
僕「ダイエットご希望ですか? なんでダイエットしてるんですか?」
お客様「健康診断で5キロ痩せろと言われました」

この「5キロ痩せたい」というのが、本来の顧客ニーズです。「5キロ」「痩せたい」というニーズに対して、自分は何ができるか? どんな貢献ができるか? と考えると、より具体的なアクションを起こしやすいと思います。

会話の途中にあった「プロテインを飲めば痩せる」というのはまだまだ解像度が低い

ニーズですから、さらにツッコミを入れて具体的なニーズを聞き出しました。

ツッコミを入れて顧客ニーズの解像度を高められるようになれば、売れる商品をつくったり、効果的なプロモーションができるようになります。

従来と比べて、ネットショップの運営は本当に難しくなってきているなと痛感しています。「タスクをこなす」程度の軽い姿勢で運営してもうまくいきません。少々過激な言葉を使えば、生半可な気持ちではうまくいきません。

だからこそ、ビジネスに最も大事なのは「具体的な顧客ニーズの把握」だということを頭に叩き込んでいただきたいのです。

まとめ

- 一人ひとりのお客様からじっくり話が聞けるインタビューがオススメ
- SNSやメルマガからお客様をLINEに誘導しよう
- インタビューの起点となる質問は「購入理由」「購入後の生活への影響」の二つだけ。さらにツッコミを重ねて解像度の高い具体的な顧客ニーズを把握しよう

顧客ニーズの把握④

インタビューの回答を整理し、お客様に貢献できることを探ろう

インタビューの回答が集まったら情報を整理して、顧客ニーズを傾向別にまとめましょう。あくまで僕の意見ですが、マーケティングでは「ペルソナ（架空の顧客像）」を設定することがよくありますが、小規模のネットショップでは、ペルソナ分析は不要だと考えています。

それよりも、まず月商10万円の壁を越えたければ、多様なニーズに対してブランドがどのように貢献できるかを考え、その解決方法を提示するほうが売上に直結するため、効果が大きいでしょう。

大量のインタビューを集め、顧客ニーズを整理していくと、自分たちが起こすべきアクションがおのずと見えてきます。

●インタビューを整理し、ターゲット像を想定

ミウラタクヤ商店では、お客様からいただいた返事を読み込んでいき、「キーワードの羅列」をしてから文章に変えるようにして整理しています。たとえば先述したプロテインのインタビューの場合、お客様からの返事をキーワードの羅列に変えると、

「3キロ」「5キロ」「産後」「眠れない」「ストレス」「健康診断」「40歳」「運動できてない」「断食してみたい」

と、このようなキーワードが抽出できます。その上で、次のようなターゲット像を想定します。

「産後にストレスや睡眠不足、運動不足から太ってしまい、40歳を超えて健康診断で良くない結果が出た。そのため痩せることを決意し、一つの方法として断食に注目した人」

これはあくまで一種類の想定に過ぎませんが、お客様からもらった返事から「キーワードの羅列」を行い、「一つの文章に紡いでいく」ということをすれば、超具体的なターゲット像が浮かんでくることは間違いありません。

三浦のペルソナへの見解

ビジネスでもネットショップでも、ターゲットを仮説するためによく使われるのが「ペルソナを立てる」という方法です。みなさんの中にも、ご存知の方は多いかと思います。

ペルソナとは「対象となるターゲットの人格を具体的に想定する」というもので、例えば「ターゲットは東京都台東区に住んでいて、下町の風情が好きな男性。結婚していて、子どもは二人。年収400万円程度で、趣味は週に1回の食べ歩き」のような感じです。

これは僕の見解ではありますが、「ペルソナ設定はあまり意味がない」と思っています。

理由は「ペルソナもターゲットだけど、他にもターゲットとなる人はたくさんいる」と考えているからです。ペルソナを立てるのであれば「何人ものペルソナを立てる」ということが必要だと考えています。

先述した「お客様にインタビュー」→「返事からキーワードを抽出」→「超具体的なターゲット像を導き出す」→「そのターゲット像を何種類もストックしておく」という認識のもと、「何人ものペルソナを立てる」ことを実践するのが大事です。

物販における「お客様に貢献できる方法」

顧客ニーズが把握できたら、自分のリソースで「ニーズに対して貢献できる方法」を考えてみましょう。物販の場合は、この商品を通してどんな提案をすれば、お客様の生活にプラスの影響を与えることができるか？　ということです。

報酬は相手の役に立ってこそ、いただけるものです。ネットショップのような「物販」は、商品を通してお客様の生活に貢献することでお金をもらえるのです。ただ商品の機能性を訴求しても、ものは売れません。お客様には商品の必要性が伝わらないからです。潜在的に抱えている課題に対して、お客様が解決できるイメージを持ってくれた時、商品は買われます。

時にはニーズの選別も必要

しかし、ここで注意点があります。それは相手のニーズを見すぎないということ。顧客ニーズだけを見て貢献することを考えていると、ブランドとしての「エッジ」がなくなってしまいます。ブランドにおいて他社との差別化ポイントをつくり、エッジを立たせることはすごく大切です。

特に小規模、スタートアップのブランドにおいてエッジがなければ、そのブランドは選ばれません。その問題を回避するために、あなた自身が貢献したいことを考えましょう。

時にはニーズの選別を行う姿勢も大事です。

まとめ

- 大量のインタビューを整理すると、次にすべきアクションが見えてくる
- 小規模、スタートアップのブランドには他社との差別化とエッジが必要。独自性を出すために顧客ニーズに対して「自分がどう貢献したいのか」を考えよう

500文字でブランドを語れば「売れる理由」が完成する

「顧客ニーズ」と「自分が貢献したいこと」を整理できたら、それをA4の紙1枚程度、500文字程度にまとめてみましょう。

その500文字こそ、あなたのブランドならではの「売れる理由」のひな形です。この500文字を起点にメルマガやサイトコンテンツ、クリエイティブなどを作成し、情報発信していくことで売上が上がっていきます。

ミウラタクヤ商店での顧客ニーズと貢献したいことの一例を挙げます。

作成例① 顧客のニーズ

40歳を過ぎて食べる量は増えていないのに、1年で5キロ体重が増えてしまった。話題の糖質制限をしてみたものの思ったより体重が減らず、逆にストレスになってしまった。

運動は生活環境上の理由で難しいけど、無理なくまずは3キロ減らしたい。広告でよく見る「飲むだけで痩せる系のサプリメント」は信用していない。努力するつもりはあるが知識がない。

作成例② ミウラタクヤ商店の貢献

このお客様の目標である「3キロ痩せる」ことを「運動なし」で達成してもらえるように「食生活と栄養の知識を提供する」ことで貢献します。

運動なしで食生活のみの改善でダイエットする場合、栄養補助の意味合いで、期待値を正しく理解した上でのサプリメントの活用は有効であるため「食生活の改善の提案」「適切なサプリメントの提案」をすることで、当社の商品を販売しながら顧客のダイエットに貢献します。しかし「サプリメントを飲むだけで痩せたい」という場合は、お取引を提案しません。

このように「顧客の課題を具体的にする」↓「自分ができる貢献を考える」↓「お客様を選別する」ということをしています。この作業を終えれば、第1章で述べた「売れる

ＥＣサイトに必要な五つのステップ」のうち、「ステップ①営業活動」はおのずと深掘りされています。また、「ステップ②独自性の強調」「ステップ③コンセプトの明確化」のヒントも多く見つかるので、ぜひ取り組んでみてください。

ただ、前述はあくまで一例であり、ターゲットそれぞれに対して提示する解決策をストックしておくということが、提案の幅を広げるために必要なことでもあります。

売れる理由をつくる四つのアクションまとめ

①顧客の悩みを解決し、人生をより良くしたいという思いに応える（基本姿勢）
②お客様へのインタビューその他の方法で、顧客ニーズを把握する
③顧客ニーズを整理し、お客様に貢献できることを考える
④③を５００文字程度でまとめる

このアクションを徹底できれば、売れる理由が間違いなくデザインできます。しつこいようですが、特に大事なのはお客様のニーズを徹底的に把握することです。

図表3-3　顧客ニーズから売れる理由を完成させる

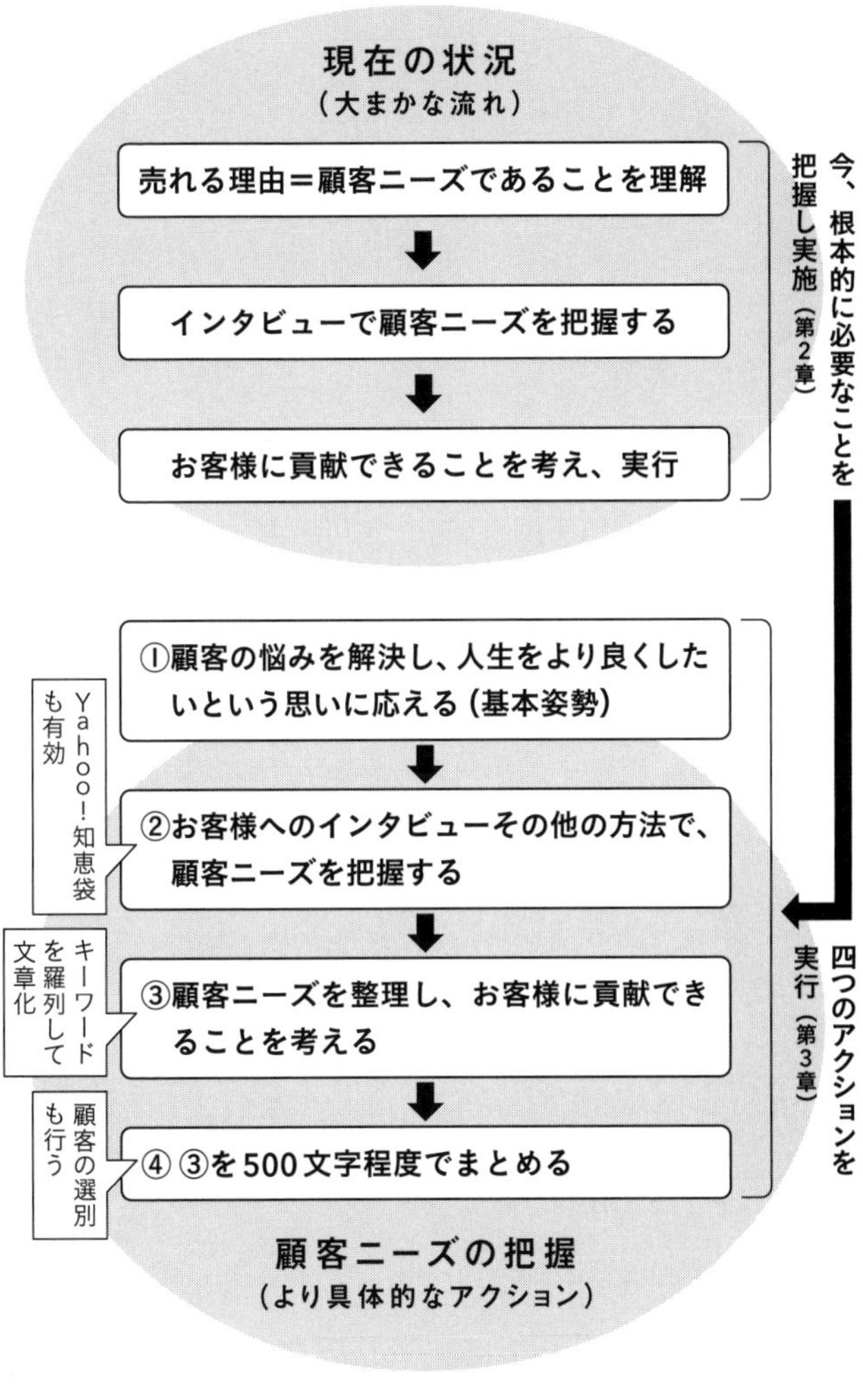

現在の状況
（大まかな流れ）
売れる理由＝顧客ニーズであることを理解
インタビューで顧客ニーズを把握する
お客様に貢献できることを考え、実行
今、根本的に必要なことを把握し実施（第2章）
①顧客の悩みを解決し、人生をより良くしたいという思いに応える（基本姿勢）
Yahoo!知恵袋も有効
②お客様へのインタビューその他の方法で、顧客ニーズを把握する
キーワードを羅列して文章化
③顧客ニーズを整理し、お客様に貢献できることを考える
顧客の選別も行う
④ ③を500文字程度でまとめる
四つのアクションを実行（第3章）
顧客ニーズの把握
（より具体的なアクション）

まとめ

- 顧客ニーズと自分が貢献したいことを500文字程度にまとめて、売れる理由をデザインしよう

ポジショニングとコンセプト

競合がいない分野を探し自分でつくり出す

お客様に対して貢献したいことを決めたら、自分たちの商材が属するマーケットの競合を探し、明確にポジションを分けるようにしましょう。ポイントは、競合がいない分野を自分でつくり出すということです。

売り上げを10倍に増やしたポジショニング

ミウラタクヤ商店がプロテインの販売で取り組んだ事例をご紹介します。この取り組みでアマゾンにおける1日あたりの販売金額を10倍に増やすことができました。

当店で販売するプロテインは一般的な分類では「ソイプロテイン」ですが、食物繊維やビタミンなどの栄養を添加しており、従来のプロテインよりも栄養価の高い商品です。

はじめは「栄養価の高いプロテイン」というポジションで販売をしていました。しかし、類似品がたくさん販売されており、アマゾンのようなプラットフォームでは、どうしても競合と比較されてしまうのです。そのため、あまり販売が芳しくありませんでした。

売上が伸び悩んでいた時、お客様からいただいた「断食の時に飲んでます」という意見をヒントに、思い切って「断食専用のプロテイン」というコンセプトをつくり、「栄養価の高いプロテイン」というポジションからマーケットを変更しました。

当時、酵素ドリンクなどの断食用のドリンクはたくさんあったのですが「断食用のプロテイン」は存在しませんでした。

断食といえば「酵素ドリンク」という印象があります。それは断食中に酵素ドリンクの糖分を摂取することで「血糖値の維持」と酵素を摂取することで「断食の健康効果を上げる」という意味合いがあるからです。しかし、酵素ドリンクを摂取することの論理において、生理学の違った側面として「断食することでエネルギー不足となり筋肉が分解される可能性もある」という事実もあります。

細かく話すと無限に書いてしまうので（笑）、簡単に書くと、断食すると筋肉が落ちる可能性がある→タンパク質の摂取で筋肉が落ちない→断食中に筋肉を落とさないために「タンパク質＝プロテイン」を飲むことで、筋肉の分解が防げる可能性もあると考えたのです。
さらにプロテインでタンパク質の摂取量を増やすことで、満腹ホルモンの増加の可能性も示唆されていることから、論理的にも、断食中のプロテイン摂取は栄養補給として優れていて合理性もあります。そこで断食専用プロテインとして売り出したのです。

ポジションを切り替えて1週間経ったころ、アマゾンでの1日の販売数が10倍に膨れ上がったのです。このように「まったく競合が存在しない、かつ、隠れたニーズがありそうなポジション」を見つけることで、一気に販売が加速するチャンスがあります。
現代はSNSの発展によってターゲットとなる消費者とつながりやすい環境です。月商10万円にも満たない小規模ネットショップだからこそ、その小回りの利きやすさを活かし、お客様の声をポジショニングにも反映させてみましょう。うまくハマれば、自分のブランドや商品にエッジを効かせた独自のポジショニングを見つけられるかもしれません。

競合がひしめくマーケットで、無難な商品はやっぱり売れません。自分のオリジナリティが明確なコンセプトをつくり、競合のいないポジションを見つけて販促することが有効なのです。

図表3-4　独自のポジショニングから編み出したクリエイティブの例

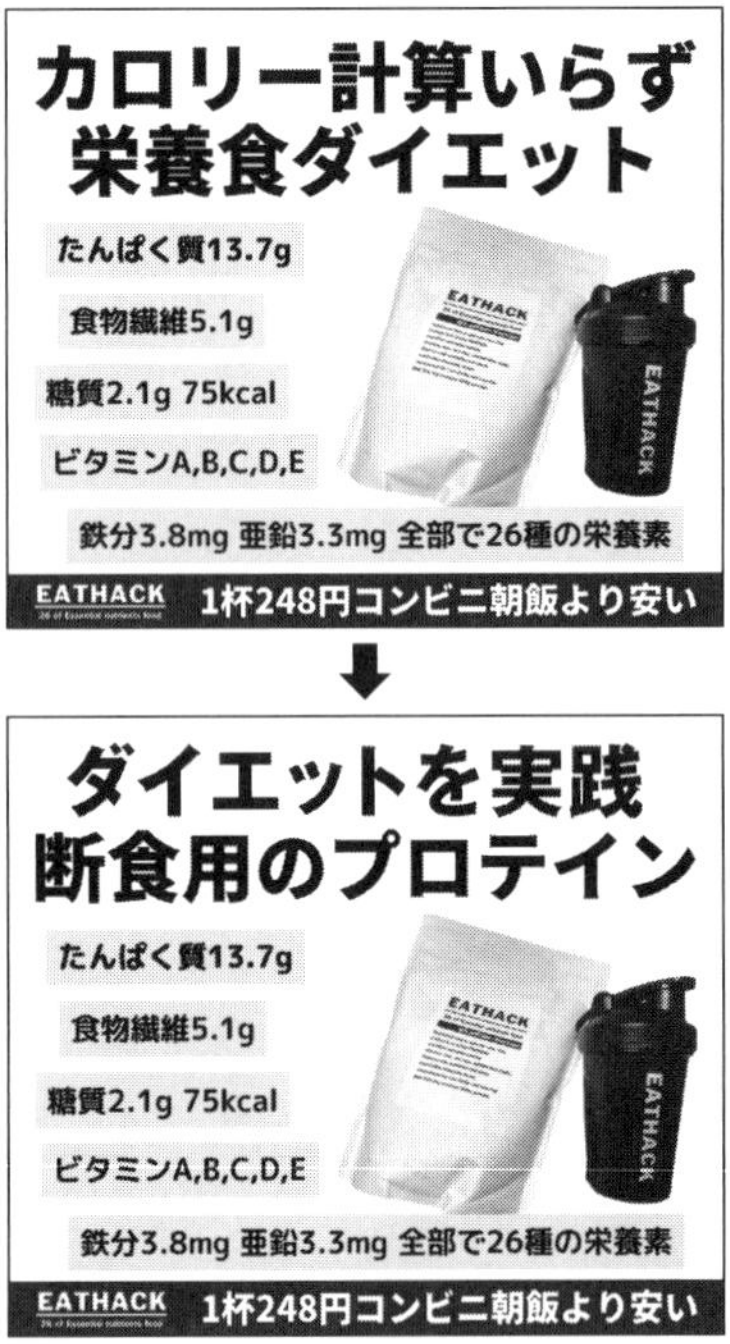

栄養価の訴求から「断食」への訴求に切り替えた例。競合のいない分野を自分でつくり出し、クリエイティブに反映させた

まとめ

- 無難な商品や競合が多いポジションで売れるのは難しい。エッジのある明確なコンセプトと競合のいないポジションを見つけることが大切

コンテンツによる既存顧客への貢献

ポジショニングとコンセプトから コンテンツをつくり込む

繰り返しますが、なんとなくの気持ちでネットショップをつくっても売れません。競合との明確な違いを示すポジションとブランドコンセプトが確定できた時、はじめて売れます。

独自ドメインのネットショップをつくるのは、ポジションやコンセプトが固まってからです。すでにネットショップを運営している方であれば、改めてポジションとコンセプトを見直してみてください。500文字程度で貢献したいことをまとめた文章から、そのヒントを拾うのも有効です。その上でクリエイティブやコンテンツを調整することで、明確な手応えが感じられてくると思います。

「ネットショップをつくる」というのは、決済機能をつけることだけではありません。メルマガやブログなどを活用して、ブランドや商品のコンセプトを発信するコンテンツをつくり込む必要があります。よく商品登録だけ済ませてネットショップを構成している事業者を見かけますが、それではやはり売れません（SNSなどで消費者とコミュニケーションが取れていれば別ですが）。

ブランドコンセプトの紹介や商品の使い方に関するコンテンツを最低5ページ以上はつくっておかないと、お客様への十分な情報提供にはなりません。ネットショップをつくる際には、ポジションとコンセプトに沿った内容で、お客様に有意義なコンテンツをたくさんつくるようにしましょう。

●「読んでくれる」は幻想、本当に読まれているのかを疑え

僕のコンサルサービス「EC家庭教師」でアドバイスをしている時によくあるのが

三浦「自己紹介のページってないんですか？」

相談者様「あ、別のページにあります」

三浦「その導線ってトップページにありますか？　なんでトップに載せてないんですか？」

相談者様「別のページに書いてるので大丈夫かなぁと思って……」

といった内容。

断言しますが、「ブログを書いたらお客様は読んでくれるだろう」というのは幻想です。

図表3-5　ミウラタクヤ商店の主なページ一覧

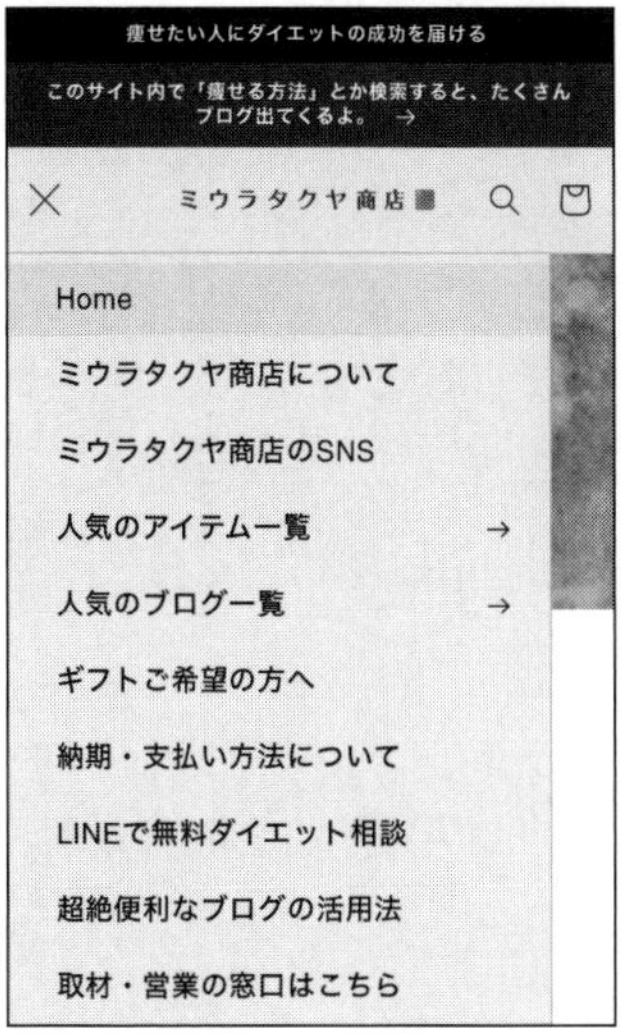

ブランドの紹介ページ、SNSのまとめページ、オススメのブログ、LINE無料ダイエット相談など、お客様が知りたいと思うようなコンテンツをまんべんなく用意している

自分が顧客になったとして想像してみてください。興味がある商品を広告で見つけて「わざわざブログを読みにいく」だったり「サイトのスタッフの日々の活動紹介のページへ移動する」という行動をしますか？

「買うことが確定しているくらいモチベーションが高い」といった場合なら可能性はあると思いますが、「まだモチベーションが高くない人」がそこまで探しに来てくれるでしょうか？　そんなことはないです。

だから「お客様に伝えたいことはしっかり届いているのか？」「それを届けるためのレイアウトになっているのか？」ということを考えて、サイト内のコンテンツのレイアウトを考えるようにしてみてください。コンテンツはつくるだけでは意味がなく、届けて見てもらってこそ価値があるのです。

●ミウラタクヤ商店が毎日発信できている理由

ミウラタクヤ商店では毎日メルマガを書いて、インスタグラムやＴｉｋＴｏｋに動画をアップして、さらにＬＩＮＥでお客様とのやりとりもこなしています。

「よくそんなネタがありますね?」と言われるのですが、実はこれ、全部お客様とのLINEの会話からネタを考えています。本章で「インタビューツールとしてLINEがオススメ」と述べましたが、そうして実際にお客様からLINEでもらった質問に対して会話を続けるうちに、ブログにするためのネタも自然にたまっていくのです。

たとえば「ダイエット中なのに、週末に食べ過ぎてしまいました。どうすれば良いですか?」といった質問をよくいただきます。そんな時、僕は200文字程度でお客様に返事を書きます。その書いた内容をさらにブラッシュアップさせて文字量を増やしてブログにアップし、メルマガにコピペして配信しています。

お客様と毎日のようにやりとりをしているので、「この質問の答えは他のお客様も知りたいだろうな」と思ったら文章をつくり、アップしているだけなのです。

この方法であれば、「LINEでの会話」を続けている限り、絶対にネタが切れることはありません。

●情報発信・会話はインスタグラムとLINEで

現在ネットショップを運営していて、各種SNSのアカウントを持っていないという方は、今すぐアカウントをつくりましょう。SNSアカウントを持たないネットショップは、現代社会で8割以上の世帯保有率があるというスマートフォンを持っていない人のようなイメージです。※2 ネットショップのコンテンツを発信するためのツールとしても、お客様との会話にも非常に便利なので、SNSは必ず活用しましょう。

ではどのSNSが良いか？ 僕の結論はインスタグラムとLINE公式アカウント、この二つは必ず持っておくことをオススメします。

「SNSは新規顧客へ発信するために使う」という方が多いですが、まずはフォロワーや既存顧客とのコミュニケーションのために活用すると考えましょう。そのために最も役立つのがインスタグラムとLINE公式アカウントです。

インスタグラムなら、24時間で自動的に削除される写真や動画を投稿できるストーリーズ機能が便利です。すぐに消える投稿だからこそ、「今だから聞きたいこと」や「今悩んでいること」などをフォロワーに投げかけやすいという特徴があります。顧客ニーズの把握で大事なのがお客様の悩みであったことを思い出してみてください。この機能を使い、アンケートや質問箱をつくることで、「三浦さんにダイエットのことを聞いてみよう」とフォロワーがリアクションしてくれ、短時間でコミュニケーションを活性化できます。ストーリーズのような機能は他のSNSにはなく、非常に貴重です。

LINE公式アカウントは発信向けのツールと考えられがちですが、お客様と1対1で親密な関係性が構築できる便利なSNSです。詳しくは第4章で活用法をお伝えしますので、ぜひ参考にしてください。

※2：総務省「令和3年版　情報通信白書」

図表3-6　ストーリーズの質問箱

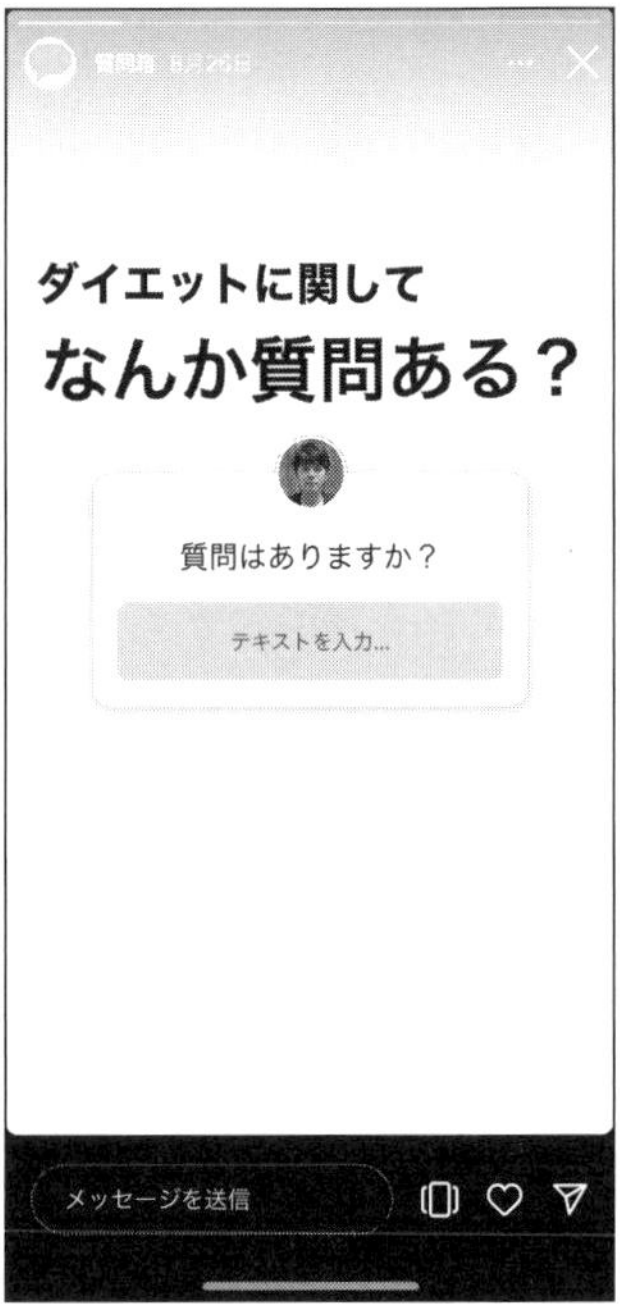

インスタグラムでストーリーズを作成する時に、スタンプ機能を使えば、アンケートや質問、クイズなどが手軽に作成できる

まとめ

- コンテンツは、ポジショニングとコンセプトが固まった上で作成する
- SNSでコンテンツの発信と既存顧客やフォロワーとのコミュニケーションを活性化させよう。使うべきはインスタグラムとLINE公式アカウント

プレスリリースの配信とウェブメディアへの売り込み

既存顧客への貢献の次に必要なのは、新規ターゲットへの接触です。最も簡単に接触を増やす方法はネット広告への出稿なのですが、ここでは無料でできる施策をお伝えします。

プレスリリースからメディア掲載を狙う

一つめはメディアへの掲載を目指すということ。具体的にはプレスリリース（メディアに向けた情報提供）を配信して、メディアに対し自分のブランドや商品をアピールする。もしくはメディアの人たちへ売り込みにいき、記事で取り上げてもらうことを目指します。

創業期のミウラタクヤ商店も広告費用を捻出できない時、プレスリリースを出してメディア掲載を目指していました。

図表3-7　ミウラタクヤ商店のプレスリリースの例

プレスリリースを受信したい
ログイン
無料会員登録
真っ黒いレモネード登場！ 活性炭入りチャコールダイエットドリンク
「UltraCharcoal(ウルトラチャコール)」レモネード味　2018年4月9日発売
累計販売杯数300,000杯分突破！ ～海外セレブの間でも話題のチャコールダイエット～
2018.03.30 11:30
株式会社モノリス
株式会社モノリス(本社：京都府京都市、代表取締役：三浦 ゆかり)は、真っ黒なダイエットドリンク「UltraCharcoal(ウルトラチャコール)レモネードクレンズ」の販売を、2018年4月9日(月)に開始いたします。
この企業へ連絡する
プレスリリース画像
画像一括ダウンロード
ウルトラチャコールレモネード…
Ultra Charcoal
このプレスリリースが番組担当者の目にとまり、テレビで紹介されることに

最も成功した事例は、テレビでチャコール（活性炭）ドリンクが紹介されたというものです。当時は競合がまったくおらず、「真っ黒なジュース」というインパクトのある触れ込みが番組担当者の目につき、紹介されました。

番組担当者に目をつけてくれた理由を聞くと「プレスリリースから発見した」とのことでした。プレスリリースは発信力の大きなマスメディアが見つけてくれることもあるので、必ず取り組みましょう。

「真っ黒なジュース」のようにエッジが効いている商品はメディアに掲載さ

れやすいように思います。記事にしたら面白そうですよね。メディア向け、という意味でも尖ったポジショニングやコンセプトが有効になります。

無料でもいいからメディアに原稿を書かせてもらう

さらにもっと簡単にできる方法もあります。ウェブメディアに自分を売り込むのです。掲載してほしいメディアをピックアップして、重点的に情報提供を行うのです。一番メディアに掲載されやすいのは「無料で原稿を書かせてください」と売り込む方法。

僕は月間数百万ＰＶを持つ女性向けのウェブメディアで連載記事を持っていますが、「無料で原稿を書く」と売り込んだことがきっかけでした。

ミウラタクヤ商店の売れる理由は、「ヒト要素」に重きを置いてデザインしています（第2章参照）。ですから、自分自身をメディアに載せてもらうために「無料で記事を書くので連載させてください」とお願いをしました。結果、連載枠の中で自由に発信をさせていただけるようになりました。

記事は広告ではないので商品について直接的に紹介することはできませんが、間接的にミウラタクヤ商店の宣伝になっていることは間違いありません。

余談ですが、僕はこのメディアへの売り込みによって、ある大手飲料メーカーから広告制作の案件をいただいたことがあります。こうした実績もネットショップの「権威」になります。このようなメディアにネットショップに関する情報を掲載してもらうための活動が、無料でできる新規ターゲットへの接触方法です。

図表3-8　ウェブメディアの連載記事

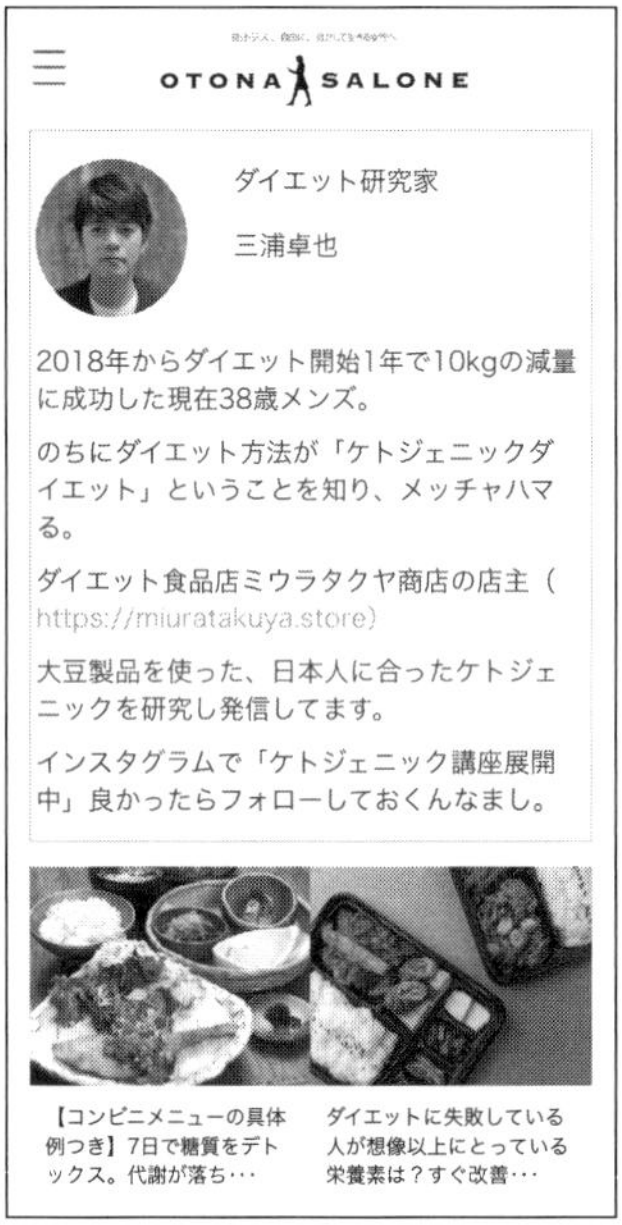
OTONA SALONE
ダイエット研究家
三浦卓也
2018年からダイエット開始1年で10kgの減量に成功した現在38歳メンズ。
のちにダイエット方法が「ケトジェニックダイエット」ということを知り、メッチャハマる。
ダイエット食品店ミウラタクヤ商店の店主（https://miuratakuya.store）
大豆製品を使った、日本人に合ったケトジェニックを研究し発信してます。
インスタグラムで「ケトジェニック講座展開中」良かったらフォローしておくんなまし。
【コンビニメニューの具体例つき】7日で糖質をデトックス。代謝が落ち･･･
ダイエットに失敗している人が想像以上にとっている栄養素は？すぐ改善･･･

「無料で原稿を書かせてください」という売り込みで獲得したウェブメディアの連載記事（OTONA SALONE）

まとめ

- プレスリリースの配信とウェブメディアへの売り込みは、広告費が出せない時代には有効な広報活動
- それらの広報活動が新規ターゲットへの接触につながることが期待できる

第3章のまとめ

10万円の壁を突破することは100万円の壁を突破する土台になる

最後にここまでの話をまとめます。

月商10万円の壁を突破するためのチェックポイント

①ネットショップは営業活動であり、能動的な努力が必要
②顧客ニーズを把握し、自分が貢献できることを文章化する
③②から競合と異なるポジションとエッジの効いたコンセプトを明確化する
④ポジショニングとコンセプトをもとにコンテンツやクリエイティブをつくる
⑤④によってお客様の課題解決をしながらコミュニケーションの土台をつくる
⑥広報活動を通して、新規のターゲットに接触する
⑦上記の検証と改善を繰り返せているか

図表3-9　月商10万円の壁を突破するためのチェックポイント

- ☑ ①ネットショップ運営＝営業活動であることを認識しているか
- ☑ ②顧客ニーズを把握し、自分が貢献できることを文章化しているか
- ☑ ③②から競合と異なるポジションとエッジの効いたコンセプトを明確化しているか
- ☑ ④ポジショニングとコンセプトをもとにコンテンツやクリエイティブをつくれているか
- ☑ ⑤④によってお客様の課題解決をし、コミュニケーションの土台をつくれているか
- ☑ ⑥広報活動を通して、新規のターゲットに接触しているか
- ☑ ⑦上記の検証と改善を繰り返せているか

10万円の壁は100万円の壁を乗り越えるための土台になるため、考えることが非常に多く、大変かもしれません。ですがこの章の内容を実践できれば、必ず10万円の壁を突破でき、最終的には100万円をも目指せます。この土台をつくらずにネットショップを運営しても、なかなかうまくいかないのが現状なんです。

さらに言うと、ブランドはポジショニングとコンセプトで勝負が決まります。図表3−9以外に、本書巻末の付録に「自分の強み発見シート」を付けました。これらを活用してあなたのブランドを見直してみてください。

まとめ

- ここでまとめた①〜⑦を改めて確認し、日々の検証・改善に役立てよう

第4章

月商30万円の壁を突破するための施策

30万円突破の心構え

本質的に大切なことは新規顧客の獲得とリピーターの育成

第3章ではブランドを売り込むために必要な「強み」を整理するため、顧客ニーズを解像度高く把握した上で、ポジショニングとコンセプトを自己分析し、情報発信（コンテンツのつくり込み）を徹底的に考え、実施しましょうというお話しをしました。

第4章でお伝えするのは「新規顧客の獲得とリピーターの育成の秘訣」です。主に新規ターゲット、既存顧客それぞれに対するコミュニケーション方法に関するお話になります。具体的には新規ターゲットへのリーチ拡大、既存顧客とコミュニケーションを取る土台づくりの方法をお伝えします。ここで言う既存顧客とは、購入してくださっている方のほかに、SNSのフォロワーなど、すでに接点を持っている人を指します。

ビジネスの原理原則は「新規顧客の獲得」と「リピーターの育成」に尽きます。

月商30万円の壁

- いかに新規のお客様を効率よく獲得できるかどうか
- 一度購入してくださったお客様がリピート購入してくれるように、上手にコミュニケーションを取れるかどうか

新規顧客の獲得とリピーターの育成。

僕は、この二点が月商30万円の壁と考えています。そのためには、どのような施策を打ち、事業としての土台づくりを行えばいいのか、詳しく説明します。

まとめ

- 月商30万円の壁を突破する肝は、ビジネスの原理原則である「新規顧客の獲得」と「リピーターの育成」にある

認知→コミュニケーション→購入→リピート購入のフェーズを意識する

まず、新規ターゲットがあなたのネットショップを認知するところから、商品を購入し、リピート購入につながるまでの流れを考えてみましょう。

現在のインターネットにおけるコミュニケーションにはSNSが欠かせません。では、SNSを活用した場合に発生する、認知から購入、リピート購入までのフローはどうなっているのでしょうか？

新しくあなたのネットショップを認知した人を「見込み顧客」として考えると、認知後のフェーズ（段階）には次のパターンが考えられます。

認知からリピート購入までのフロー

①新しくネットショップの存在を知る（認知／見込み顧客）

②　認知しているがSNSはフォローしない
③　商品は未購入だがSNSはフォローしている（コミュニケーション）
④　SNSフォローの有無にかかわらず、一度は商品を購入している（購入）
⑤　SNSをフォローしていて、商品を購入している（コミュニケーション→購入）
⑥　何度も購入している（リピート購入）

ザックリと考えただけでも「見込み顧客」からリピーターまでの過程では、これだけのフェーズがあります。言い換えると、すべての見込み顧客に同じような言葉でアプローチをしても意味がないのです。お客様のフェーズに合わせて情報発信の「タイミング」を考慮することが非常に大切です。

これは第5章で解説するコンテンツやクリエイティブの話になりますが、「どのフェーズのお客様に向けたものか？」を意識しながら発信内容をつくり込み、しかるべきタイミングで情報発信すると、お客様に刺さりやすくなります。

お客様のフェーズに合わせてコンテンツやクリエイティブの内容を変えれば、刺さる確率（反応率）が高まり、間違いなく売上の効率も上がります。見込み顧客のリストがあれば、①〜⑥のように、それぞれのお客様との距離を細かくセグメントすることをオススメします。

まとめ

- 新規ターゲットが認知後に進むフェーズは複数のパターンがある。それぞれのフェーズに合わせたアプローチが必要
- フェーズに合わせてコンテンツやクリエイティブをつくり、発信しよう

新規顧客獲得のための集客①

広告に頼れない時代にオススメの集客手段はインスタグラム

ネットショップ運営をはじめると、集客に向けて広告を使うことが多いでしょう。ただ、広告だけに頼って売上をアップさせることは相当難しくなっています。

僕はメタ広告を自分自身で運用して5年以上が経ちますが、広告の費用対効果は運用当初とは比べものにならないほど悪化しています。しかも費用対効果が悪化しているだけでなく、成功パターンを見つけることもかなり難しくなってきています。

インターネット広告のプロである広告代理店の担当者ですら、運用に苦戦しているという話も多く聞きます。高額の広告費を使っても、販促の効率が上がらないというのです。

プロですら苦戦する状況の中でまず試していただきたいのは、いきなり代理店などに頼まず、まずは自力で広告運用をしてみることです。

「運用のハードルが上がっているのに、素人が広告運用の猛者たちに勝てるのか?」と、そんな疑問がわくかもしれませんが、ここで僕がオススメする方法があります。使うのはインスタグラム。アカウントを育ててフォロワーを増やすために広告を運用します。

比較的低コストで運用可能ですし、実際に僕のサロンメンバーも手応えを感じている方法です。ぜひやってみてください。

低コストで成果を上げるインスタ運用術

インスタ運用① プロフィールをつくり込む

アカウントをつくったら、プロフィールを整えましょう。

インスタグラムでフォローされる確率は、プロフィールの内容で変わってきます。フォロワーが最終的にフォローを決断するのは、「このアカウントは自分にとってメリットがあるか?」ということが確認できてから。

多くのネットショップ事業者がSNSを運用する理由は「新規の顧客獲得」なのです

が、よくある勘違いが「新規の顧客へリーチを増やす」ことばかりに注力して、プロフィールをなおざりにしていることです。極端な話ですが「バズる」ことで大量のリーチが発生したとしてもプロフィールの内容が悪ければフォローはされません。

だからこそ、プロフィールに「フォローすることによるベネフィット（恩恵）」を書くようにしましょう。プロフィールはネットショップで商品を販売する時の「ランディングページ」のようなもの。フォローすべき理由が明確にわかるように書きましょう。

インスタ運用② お役立ちコンテンツを投稿する

「インスタグラムの運用を頑張ってるけどフォロワーが増えない……」。それは「新規のユーザー」にとって、あなたの投稿が刺さっていないからです。

よくある間違いとして「自分のブランドのことばかり発信している」といったことが挙げられます。すでにいるフォロワーや、御社の商品に興味を持ってくれている人にはもちろん刺さると思います。しかし「ブランドのことを知らないネットサーフィン中の人」からするとまったく興味がなく、見向きもされません。これはブランドに認知のないネットサーフィン中の人にとって、「その情報が有益ではない」からです。

図表4-1　プロフィールの例

ダイエットに役立つ情報（ベネフィット）を発信していることがわかるように工夫している

図表4-2　お役立ちコンテンツ

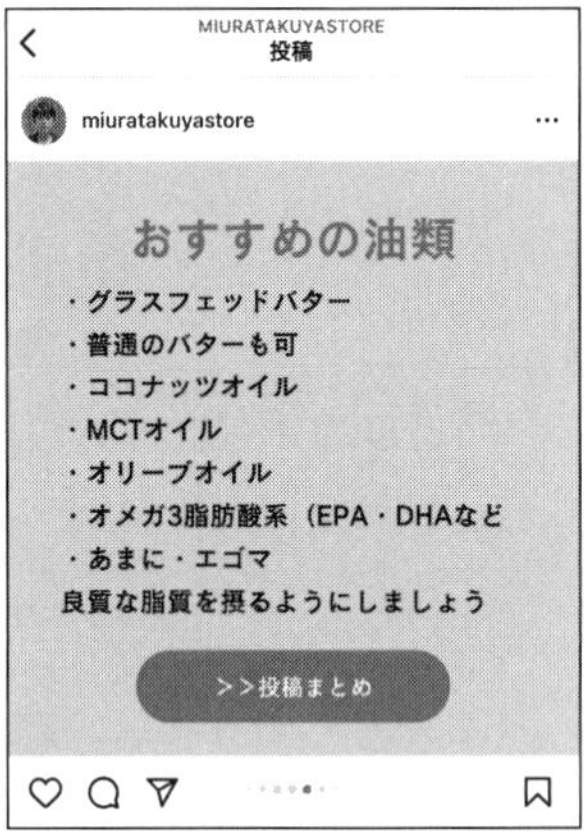

痩せるレシピ紹介、ケトジェニックの基礎知識など、「役に立つ」コンテンツを用意している

新規の購入者を獲得するまでの流れに「認知→コミュニケーション→購入」という流れがあり、認知を獲得する時は「モノ」より「コト」（情報によるコミュニケーション）のほうが、圧倒的に獲得しやすいのです。

ブログやメルマガのネタを考えるように、「自分の商品を購入することでお客様が得たいプラス体験」を想像し、その仮説から新規のターゲットに振り向いてもらえるような「お役立ちコンテンツ」を継続的に投稿しましょう。

インスタ運用③　投稿数を9個以上に増やす

プロフィールの説明と重複するのですが、インスタグラムでフォローされる理由は「プロフィール」と「過去の投稿」です。プロフィールの内容がどれだけ良かったとしても、実際に投稿がなければフォローはされませんし、ましてや信頼もされません。

フォローをされる確率を上げるために、過去の投稿を最低でも9個以上にするようにしましょう。

9個以上としている理由は、プロフィールを開いた時に、ハイライト機能を利用していない場合は、スマホの1画面に最大9個の投稿が表示されるからです。画面をすべて「情報」で埋めることで、新規ターゲットにコンテンツを見てもらい、フォローされやすくなるような導線をつくりましょう。

インスタ運用④　スマホアプリから広告を配信する

プロフィールを整え、フォローされる確率を最大限高めたら、次はインスタグラムのスマホアプリから、過去の投稿を広告に載せるようにしましょう。

「え？　SNSなのに広告？」と思われたかもしれませんが、僕の経験上、これが最も早くフォロワーを獲得できる方法なんです。

もちろん実際に、広告を使わずにたくさんのフォロワーを獲得している人はいます。ただ、僕の意見として「無料でフォロワーを増やすことは難しい」です。無理とは言いませんが、「もしSNSをバリバリ活用していた」という実績がない人にとってはハードルが高いと考えています。

図表4-3　インスタ広告の例

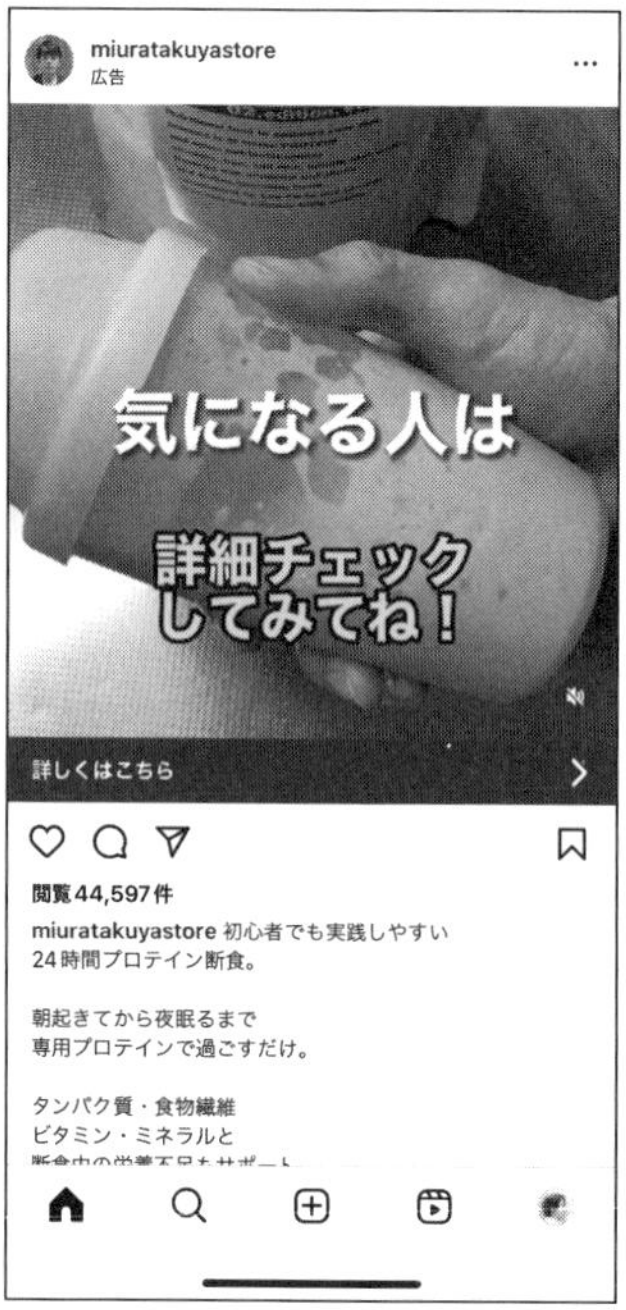

スマホアプリから手軽に既存の投稿を広告出稿できるインスタグラム。上の例はプロテインの広告で、閲覧数は44,000を超える

無料の集客にこだわってフォロワーがまったく増えない状況が続くのであれば、「多少お金を使ってでも事業を前に進める」という意味で、投稿を広告に変えてリーチを増やすことを推奨しています。

実際にサロンのメンバーの中で、インスタ広告を出すアドバイスを実践した方がたくさんいて、「全然インスタ運用がうまくいってなかったけど、三浦さんの言う通りにやったらフォロワーが加速度的に増えました！」と言われることが多いです。

もちろんコストはかかりますが、もしインスタのフォロワーが増えずに事業が停滞しているのであれば、過去の投稿を広告にしてリーチを増やすことをオススメします。なお、インスタ広告は、プロアカウントに切り替えることで簡単に出稿することができます。

配信する投稿の出稿方法

- **広告に載せる投稿を選ぶ**

「保存数」が多い投稿を選びましょう。「いいね！」数よりも保存された投稿のほうが価値は高く、受け入れられていると考えられます

- **プロフィールへ誘導する**

よくある間違いが「ウェブサイトへのアクセスを増やす」を選択してしまうことです。複雑な話なので理由は割愛しますが、スマホからウェブサイトへ誘導する広告を出稿しても売れません。また目的はフォロワーを増やすことなので、「プロフィールへのアクセスを増やす」を選択しましょう

- **オーディエンスは「自動」でOK**

年齢や性別、趣味嗜好などでオーディエンス（ターゲット）を設定することができます。しかし最初は「自動（既存のフォロワーに類似した人をターゲットに自動設定）」でOKです。インスタグラムのターゲット精度は優秀です

- **1日の予算は500円から**

1日の広告予算は500円からでOK。まずは「どれくらいの単価でフォロワー獲得ができるのか？」を検証してみましょう。発信内容によりますが、最低でも1フォロワー@100円で獲得できることを目指しましょう。サロンメンバーには1フォロワー@30円で獲得できている猛者もいます

インスタ運用⑤ フォローしてくれた方へDMを送る

次に、新しくフォローしてくれた人へDMで挨拶をするようにしましょう。この「DMを送る」という行動が「顧客との人間関係を構築する」ことへのブーストになるのです。ただ、あくまで「挨拶」に留めましょう。ここで宣伝などはしないように注意してください。人間関係をつくる意味で、DMでご挨拶するだけです。DMは意外と送らないことが多いので、他社のインスタアカウントとの「差別化ポイント」になります。

想像してみてください。今後、新しく商品を購入する時に、「わざわざ挨拶をしてくれてコミュニケーションを取ってくれるアカウント」と「フォローしても何もなかったアカウント」では、どちらのほうが店として好きになりますか?

この「好きになってもらえる」ということが、現代のネットショップ運営では「明確な差別化ポイント」になります。DM活動を継続することにより、「将来購入をしてくれる見込みのあるお客様を増やす」ための人間関係をたくさんつくり、将来的な売上につなげていくのです。

またDMを送る際にやるべきことがあります。それは「なぜフォローしてくれたんですか？」と聞くこと。これは二つ意味があり、「フォローしてくれた理由から顧客の悩み（ニーズ）を想像する」「返事をもらう」という意図です。

DMでフォローしてくれた理由を聞くと、お客様は意外に返事をくれます。ミウラタクヤ商店では25％程度の人が返事をくれます。この返事に「お客様の生活での課題」が詰まっており、今後のネットショップ運用でやるべきことへの解像度を劇的に上げてくれま

図表4-4　新規フォロワーにDMを送ろう

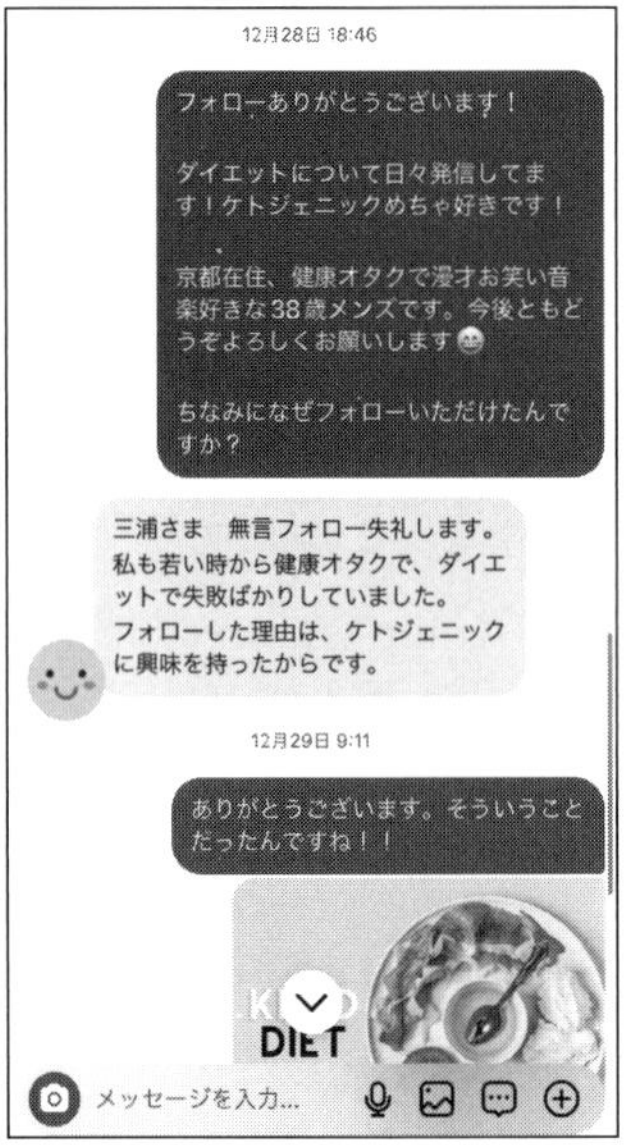
12月28日 18:46
フォローありがとうございます！
ダイエットについて日々発信してます！ケトジェニックめちゃ好きです！
京都在住、健康オタクで漫才お笑い音楽好きな38歳メンズです。今後ともどうぞよろしくお願いします
ちなみになぜフォローいただけたんですか？
三浦さま　無言フォロー失礼します。
私も若い時から健康オタクで、ダイエットで失敗ばかりしていました。
フォローした理由は、ケトジェニックに興味を持ったからです。
12月29日 9:11
ありがとうございます。そういうことだったんですね！！
DIET
メッセージを入力...

顧客ニーズを探るヒントになるだけではなく、今後の会話量を増やすためのきっかけにもなる

す。

また「返事をもらう」ということもすごく重要です。

返事をいただけたということは、また今後もDMでの会話につながるきっかけになりますし、お客様の記憶にも残りやすくなるからです。ミウラタクヤ商店ではフォロワーやお客様との会話量が増えるほど売上が上がると考えています。

だから「返事をもらう」ことができれば、お客様と距離を近づけられるチャンスと考えましょう。会話が盛り上がることを意識して、DMを送るようにしてみてください。

インスタ運用⑥ フォロワーを対象にメタ広告を配信する

フォロワーが増えて、DMでコミュニケーションを図り、人間関係ができたと仮定します。どうでしょうか？「目に見えない見込み顧客が増えた」と思いませんか？

ネット広告に出稿したとしても「売れない……」で止まっていた人にとっては、「お客様が買ってくれる可能性が増えた」と感じられませんか？

その目に見えない見込み顧客に購入していただけるように、今度はパソコンからメタ広告を配信しましょう。メタ広告は様々なターゲット設定が可能です。その中にインスタグラムをフォローしてくれている人や、インスタグラムのプロフィールへアクセスしてくれた人などの細かい設定も可能です。

インスタグラムでフォローをしてくれた＝コミュニケーションが取れている人たち（見込み顧客と想定される人たち）へ広告で商品を露出しましょう。「コミュニケーションが取れている人たち」なので、購入してくれる可能性が高い人へのアプローチが可能になります。

これでメタ広告のリターゲティング広告を実施するのですが、設定方法をすべて説明するとなると膨大な文章量を要するので、「メタ広告マネジャー　売上目的　出稿」といったキーワードで検索してみてください。もしくは僕のＬＩＮＥ公式アカウントに問い合わせてもらえれば、説明が掲載されているサイトなどを送付させていただきます。

「ネットショップの運営がはじめて」「インターネット広告の知識がない」という方も、比較的低コストで効率よく新規顧客を獲得できる広告運用術です。この六つのフローでインスタグラムのアカウントを育て、広告を運用してみてください。

まとめ

- 広告のプロでも運用に苦戦する時代。インスタグラムを活用し、フォロワーを増やした上で、実験的に広告配信を
- フォロワーにDMを送り、人間関係を築くことで見込み顧客を育成。メタ広告のリターゲティング広告にも活用しよう

新規顧客獲得のための集客②

インスタでフォロワーと交流。信頼から売れる理由をつくり出そう

フォローという人間関係が「あなたから買いたい」を生み出す

僕はLINEのほかに、とくにインスタグラムを使ったコミュニケーションを推奨しています。まずは新規ターゲットへのリーチを広げ、フォローをきっかけに人間関係をつくる。DMでコミュニケーションを図り、信頼を獲得してファンになってもらうのです。

インスタグラムは、投稿のリーチ（誰に表示されるか）や広告配信の設定など一部の行為は機械的に行われますが、DMを使って能動的にコミュニケーションが取れます。リーチが広く、DMによりリアルな営業活動に最も近いアプローチ方法だからこそ、インスタグラムを推奨しています。

DMでは定型文ではなく、会話をするような人間らしい文章を送ることで、たんなるネットショップではなく「人」としてフォロワーに接してもらうことができます。

これが広告に頼りきりになると「あたたかみのない機械的な営業」になってしまい、商品内容や価格だけを動機とした購入しか生み出せません。マーケティング専門のプロなら統計的なテクニックから売上を立てることも可能でしょうが、素人には難しい話です。

フォローのつながりは一種の人間関係です。広告はあくまでフォローを増やす手段として活用するもの。最終的にDMを使った「人としてのコミュニケーション」によってフォロワーとの距離を近づけ、信頼関係を築きましょう。信頼はやがて「あなたから買いたい」というモチベーション（売れる理由）に変わります。

ストーリーズ活用が肝、インスタ交流のコツを教えます

インスタグラムでもう一つ活用してほしいのがストーリーズ機能です。この機能もお客様と仲良くなるために肝となる要素です。

ストーリーズとは投稿機能の一つで、撮影した画像や動画を24時間限定で発信できるも

の。24時間が経過すると自動的に消滅します。ストーリーズを使えば、アンケートの実施など、1度の投稿で多くのフォロワーにコメントを求めることができます。

先述した通り、DMのやりとりはフォロワーとの距離を近づけられますが、1対1であるがゆえに、DM上で話を盛り上げるのはなかなか難しいものです。話を盛り上げたい時は、ストーリーズでカジュアルなアンケートを実施してみたり、コメントしてもらえるような質問を投げかけたりしてみましょう。

たとえばアンケートで「運動してますか？」という質問に対して、「はい」「いいえ」の選択肢を用意した場合。回答結果の内訳や、誰が回答してくれたのかを把握することができますから、結果をDMに役立てることが可能です。「運動している」と答えた人、「運動していない」と答えた人それぞれに合う内容のDMをつくって送るのです。

また質問箱のような機能もあります。たとえば「あなたのダイエットの失敗談を教えてください」といった質問を投稿すれば、自分の失敗談をフランクに教えてくれるフォロワーも現れるでしょう。質問には返答もできます。教えてくれた失敗談に対してコメントを返すことで、コミュニケーションがさらに活性化します。

商品にまつわる情報発信はもちろん大事ですが「お店のファンになってもらう、お店として愛される」ことも月商30万円の壁を突破するには必要です。だからこそ、ＤＭやストーリーズを使ったアナログで属人的なコミュニケーションは愛されるコツとして押さえておいてほしい要素です。ぜひインスタグラムを活用して、フォロワーとの関係性を深めてください。

図表4-5　ストーリーズの質問

答えやすい、簡単なアンケートを実施して、フォロワーとの距離を近づける

図表4-6　ストーリーズのアンケートや質問

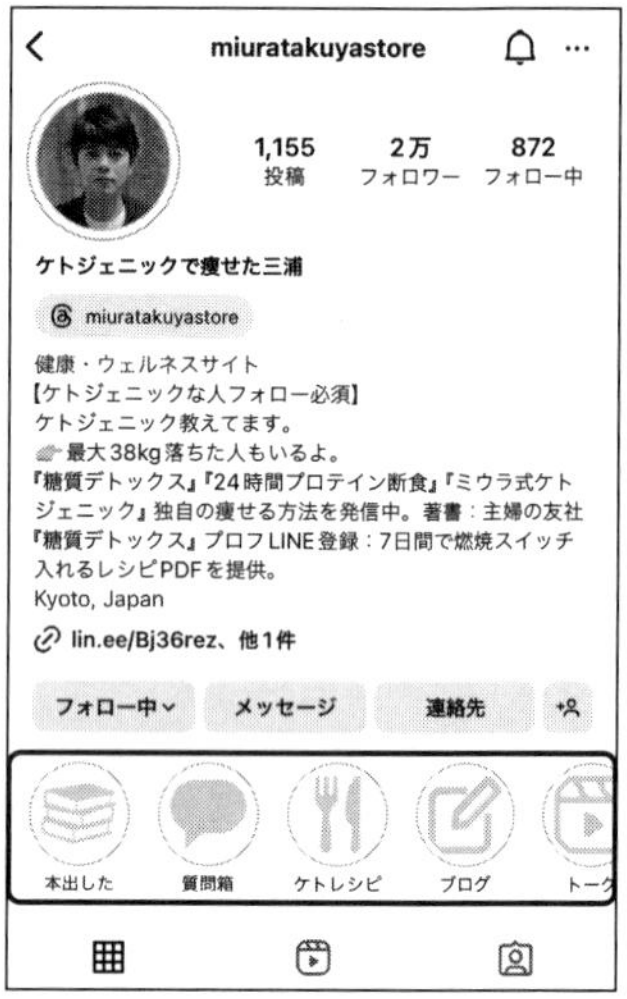

インスタグラムのプロフィール欄には、ハイライト機能を使うことで、ストーリーズのリンクを貼り付けて保存しておける。ここでは、「質問箱」「ケトレシピ」「ブログ」などを貼り付けてある

まとめ

- インスタグラムのDMは能動的にコミュニケーションが図れる機能。フォローという人間関係が売れる理由につながる
- ストーリーズはフォロワーとの会話を盛り上げるのに効果的。アンケートや質問などを実施してコミュニケーションを活性化させよう

新規顧客獲得のための集客③

タッチポイントは質と量が重要。顧客コミュニケーションの密度を高めよう

スマホが普及し、SNSコミュニケーション手段が発達した一方で、「タッチポイント(顧客と事業者との接点)の密度」がどんどん薄まっているように感じています。

たとえばスマホを見ていて大量のSNSコンテンツや広告がプッシュ通知で現れた時。一つひとつに気を留める人は少ないのではないでしょうか? 僕も受け流してしまいます。SNSコンテンツや広告はどれもタッチポイントですが、コンテンツや広告があふれかえっているばかりに、お客様が一つのタッチポイントに注目する時間が減っているのです。

もう一つ、お客様の行動が受動的になってきたという変化も感じます。以前は商品が欲しくなったら、自分から商品について調べ、買いに来てくれるという実感がありました。

たとえお店側が発信する情報量が少なかったとしても、買ってもらえるチャンスがあったのです。

しかし今は、次々と流れてくる膨大な情報を処理するだけで精一杯です。たとえ商品が欲しいと思っても、お店や商品の情報を自発的に調べることは少なくなっています。

このような顧客との関係性が希薄になりがちな現在のコミュニケーション環境において、「緻密な情報提供」が必要になっていると感じています。お客様との関係性を築くためにはタッチポイントの「質」だけでなく「量」も求められるのです。

だからこそネットショップが取り組むべきは、商品に関する情報を定期的に発信して、提供すること。そして発信量を増やすことです。情報発信の質と量、両方を意識した取り組みができなければ、業界で生き抜くのは難しくなるでしょう。

良質な商品を販売していても、コミュニケーションが疎かになっているお店は選ばれません。逆に、多少商品の質が劣っていても、情報提供を頻繁にし、お客様とのコミュニケーション密度を高めているお店のほうが間違いなく選ばれる時代になります。

図表4-7　SNSリンクまとめページ

お客様とのタッチポイントを増やすためにSNSは超有効。ミウラタクヤ商店では、SNSのリンクをまとめたページを用意して登録を促している

まとめ

- お客様とのタッチポイントは質だけではなく、量が求められる時代
- 情報発信量を増やし、コミュニケーションの密度を高めたお店が選ばれる

四つの基本コンテンツを押さえお客様の役に立つ情報を発信する

ここからは具体的なコンテンツづくりについてお話しをします。あなたは自分のネットショップの中に、商品やお店に関する情報コンテンツを何ページくらい掲載していますか？「ランディングページをつくればいいや」くらいに思っていませんか？

コンテンツとは、「端的かつ豊富な情報でお客様が知りたいことを教える」ために重要なものです。僕が豊富なコンテンツが必要だと言う理由は、お客様に有益な情報を様々な角度から提供しなければタッチポイントとして機能しない、と考えているからです。ランディングページを1枚つくっただけでは、タッチポイントの質と量を確保することが不可能なのは、誰が見ても明らかでしょう。

基本的にはお店の宣伝として、商品ページのほかに最低四つのページを用意しましょう。

四つの基本コンテンツ

① 商品内容を説明するページ
② 商品の使い方を説明するページ
③ 商品を使ってくれた人の声を紹介するページ
④ 商品を販売する自分自身を紹介するページ

あなたがお客様の立場になったとします。欲しい商品についてネットショップに質問した時に「こちらのランディングページの中に情報を掲載しています」とURLが送られてきたらどう感じるでしょうか？　情報が詰め込まれた長ったらしいランディングページの中から、自分が知りたい情報を探し出すのはとても面倒です。これがもし、逆に自分の知りたい答えが抜粋されているページ（たとえば「四つの基本コンテンツ」の②）を教えてくれたら、うれしいですよね。

商品ページとランディングページしか持たないネットショップと、知りたいことがピンポイントでわかる丁寧なページ構成のネットショップ。どちらから商品を買いたくなるでしょうか？　おそらく後者だと思います。
コミュニケーションの質を向上させる努力は、お客様に選ばれる理由につながります。今すぐ購入されないとしても、必ず未来の購入につながる努力です。これはコンテンツ作成においても同様です。この努力をするかしないかが、売上を左右する生命線になると言っても過言ではありません。

コンテンツづくりのポイント

- 「お客様がどんなことを知りたいのか？」を想像して、様々な切り口のコンテンツを豊富につくること
- コンテンツは端的でわかりやすくすること

この二つは必ず念頭に置いておきましょう。

コンテンツは「モノ」と「コト」の両軸で企画する

コンテンツを企画する際は、商品に関する情報のほかに「顧客課題の解決」という点も念頭に置きましょう。

デジタルマーケティングと言うと、数字分析に重きを置くサイエンス色が濃くなりますが、そもそも商品が売れるということは「お客様の役に立つ」ということ。時には商品力だけでお客様の課題を解決することが難しいかもしれません。そんな場合は、あなた自身が知識やノウハウなどを教えてお客様の役に立てばいいのです。

先述した四つの基本コンテンツに加えて、ぜひ「コトを教えて課題解決する」ためのコンテンツも用意するようにしてください。

「お客様が抱える悩みに対してどんな情報を提供できるか?」という観点でコンテンツを量産すれば、選ばれるネットショップになれます。ネットショップの役割は、「ものを売ること」ではなく、「お客様の人生の役に立つこと」です。

図表4-8　課題解決に役立つブログ記事

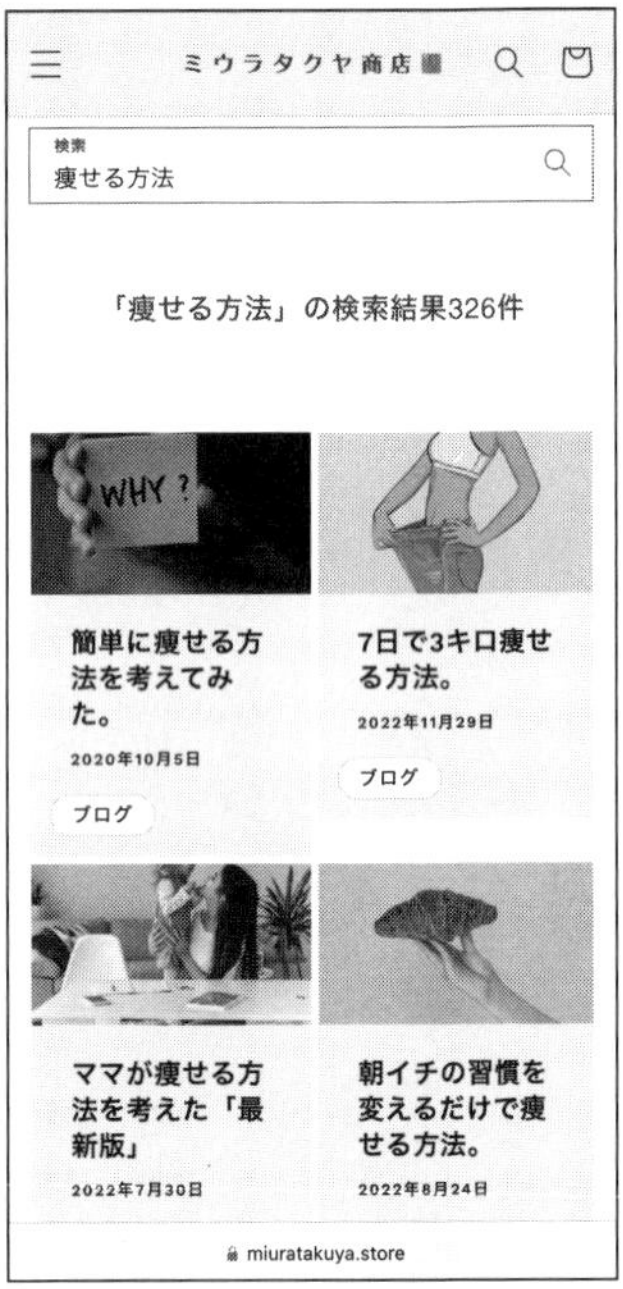

ミウラタクヤ商店には、お客様の課題を解決できるブログ記事が豊富に用意されている。たとえば、「痩せる方法」で検索すると、326件もの記事がヒットする

まとめ

- お客様の知りたいことがすぐにわかるように、ネットショップ内に最低四つの基本コンテンツを準備しよう。ランディングページだけでは不親切
- 商品に関する情報だけでなく、顧客課題の解決＝コトも含めたコンテンツを企画しよう

リピーターの育成①

「商品を購入すれば使う」は幻想。アフターサポートも徹底しよう

「お客様の判断で商品を買ってくれたのだから、当然商品を使ってくれるだろう」残念ながらこれは幻想です。もちろん使ってくれるお客様もいますが、「なんとなく使っていない」というお客様も少なくありません。

商品は使ってもらってこそ価値があるものです。お客様が商品を活用し、体験価値を感じなければ、ブランドのイメージは上がらず、印象に残りません。印象に残らなければリピートもされませんし、クチコミなどで紹介してもらえることもありません。

そこで、リピートしてもらうために必要となるのがアフターサポートです。購入されたお客様に対して、メルマガやSNSなどでしっかり情報提供を行うのです。アフターサポートによって商品の活用を促し、ブランドの体験価値を感じてもらいましょう。

アフターサポートで提供する情報の例

- 商品そのものについて改めて説明した記事
- 簡単にわかる商品の基本的な使い方
- スタッフ一押しの使い方（例：食品の場合、スタッフだからこそ知るレシピなど）
- お客様の声（他のお客様はこんな使い方をしています、といった情報）

こうした情報をブログにまとめ、メルマガやSNSでリンクをご案内することで、アフターサポートの情報を手軽に拡散できます。購入時だけではなく、販売後のアフターサポートにも力を入れることで、ブランドとの関係性（エンゲージメント）が強まります。必ずアフターサポートは意識するようにしてください。

まとめ

- 「購入すれば使ってくれる」とは限らない。アフターサポートで体験価値を感じてもらう努力をすることで、リピート購入につなげよう

リピーターの育成②

リピート購入に最も影響するのはLINE。メルマガも今なお必須のツール

ミウラタクヤ商店はリピーターに支えられています。リピート購入のきっかけとして、数字的に最も比率が大きいタッチポイントはLINEの公式アカウントです。

また忘れてはいけないのがメルマガです。オワコンのように思われがちですが、実はリピーターの売上を大きく占めています。メルマガは今もなおネットショップの売上を底上げするために欠かせないものです。

ここでは、既存顧客との関係性を維持する施策として、LINE公式アカウントとメルマガの活用法をお伝えします。この二つのツールは必ず活用しましょう。

ＬＩＮＥを「カルテ」として活用し、対応をパーソナライズする

ＬＩＮＥは通知機能が魅力ですが、さらにお客様とやりとりした履歴を残す、一種の「カルテ」としても使えます。カルテがあれば、お客様それぞれにパーソナライズした対応を考えることができ、温度感のあるコミュニケーションが図れるようになります。

ＬＩＮＥ公式アカウントには、次にご紹介するパーソナライズした顧客対応の肝となるツールが二つあり、ミウラタクヤ商店でも活用しています。

パーソナライズ① チャットタグ（タグ付け）

お客様の傾向をタグ化してカテゴライズする際に便利です。ミウラタクヤ商店はダイエット関連の店なので、ＬＩＮＥの友だち登録をしていただいた方へ、最初に「何キロ痩せる予定ですか？」と質問します。

目標の減量体重によってダイエットのアプローチは異なります。ですから、あらかじめお客様が目標とする減量体重別に把握して、コンテンツを出し分ける必要があり、そのた

めにはタグ付けが便利です。減量体重別にチャットタグを付けておくと、該当するタグが付いている友だちへメッセージを一斉送信することができるようになります。

一斉送信にはオーディエンスという絞り込み機能を使います。特定のチャットタグが付いている人に対象を絞り込み、一斉送信するのです。

たとえば5キロ痩せたい人には「5キロ痩せるためのブログ」、10キロ痩せたい人には「10キロ痩せるためのブログ」を一斉送信する、というイメージです。本章で、「フェーズに合わせて情報発信の『タイミング』を考慮することが非常に大切」と述べましたが、このようにタグ付けを利用して、お客様の傾向やフェーズに応じてコンテンツを出し分けると、お客様の満足度を高めやすくなります。

パーソナライズ② ノート

ノートは友だちごとにメモが保存できるツールです。僕は会話の節々で印象に残ったことを備忘録としてノートに書きためています。

備忘録を残しておくと、久しぶりに声をかけてくれたお客様へ「はじめまして」ではなく「お久しぶりです！」と返信ができます。こうした連続性のあるやりとりをすると、お客様に感動されます。

たんにアンケートをつくるのであれば、デジタルツールを使って作成・配信・集計まで自動的に行うことも可能ですし、結果に基づいて対応をパーソナライズすることもできてしまいます。それでもミウラタクヤ商店ではＬＩＮＥ公式アカウントを使って、あえてアナログっぽい方法を使っています。

デジタル化された機械的なやりとりと、温度を感じるアナログ的なやりとりでは、どちらのほうが印象に残るでしょうか？　効率面でいえばデジタルのほうが優れていますが、アナログ的なやりとりによるインパクトは相当強いものです。売上規模が小さいうちは、アナログできめ細やかな対応をすることも効果的だと考えています。

ご紹介したＬＩＮＥ公式アカウントの活用法は、僕自身が手応えを感じている方法です。ぜひ実践してみてください。

●メルマガが不可欠な理由は思い出してもらうこと

メルマガはある程度の文章量が必要ですから「いい文章でなければ売れない」と思われるかもしれません。しかし、実際にはメルマガを配信するだけでも、リピーターからの売上アップが期待できます。

理由はシンプル。お客様に思い出してもらうきっかけになるからです。

一度だけ買い物をしたネットショップを、再び自分で検索してリピート購入する……わざわざこんなことをしてくれるお客様がどれだけいるでしょうか？　相当なファンでもない限り、期待できないはずです。

「あの商品は良かったけど、なんていうブランドだったっけ？」おそらくこのような感じでふわっと覚えている方が多いでしょう。これでは再びネットショップに訪問するまでのアクションは起こせません。お店側からすれば大きな機会損失につながります。

メルマガはリピート購入のニーズ喚起にとても効果的なツールなのです。もちろん文章の質も大切なのですが、まずは簡単なもので構いません。「思い出してもらう」ということとを意識して、メルマガは必ず活用しましょう。

またリピートを狙うだけではなく「思い出し続けてもらう」ことも意識しましょう。たとえばメルマガを読んで商品を思い出し、再び買う気になった。ところが別の用件を思い出して「後でいいか」とまた忘れてしまう。そんな経験はありませんか？

一度と言わず何度でも思い出してもらえるように、メルマガの配信頻度を上げていきましょう。ミウラタクヤ商店のメルマガだけでなく、様々なネットショップのメルマガをお手伝いしてきた上での結論として、可能であれば毎日配信したほうがいいとさえ思います。


メルマガは、読んでも読まなくてもフォルダにたまるだけなので、受け取る側もさほどストレスを感じません。ミウラタクヤ商店のお客様にヒアリングしたところ、多くのお客様がフォルダ分けして、後日に読み直しているとのことでした。「件名を見て興味のあるものだけを読む」という行動も見て取れました。

あくまで僕が知る限りのデータや主観ではありますが、メルマガは配信回数が多くても、さほど迷惑をかけてはいないようです。もちろん「煩わしい」とコメントをいただくようなことがあれば、ネットショップ側からメルマガ配信を停止するような対応が必要です。

繰り返しになりますが、メルマガをやるべきポイント、期待すべき効果はまず「思い出してもらう」ことになるので、メルマガを使っていない事業者は、必ずメルマガを配信する習慣を身につけましょう。

ちなみにＬＩＮＥの場合は配信頻度に注意が必要です。頻度が多すぎると煩わしくなってブロックされてしまうこともあり得ます。

まとめ

- ミウラタクヤ商店でリピート購入に最も貢献しているのはLINE公式アカウント。チャットタグやノートなどのツールを活用して、お客様に最適なサービスを提供しよう
- メルマガはオワコンではない。「思い出してもらう」ことでリピート購入が期待できる重要なツール。簡単な文章でもいいので、頻度高めに配信しよう

広告運用

月間アクセスが500PV（表示回数）を超えたらリタゲ広告を実施する

販促の肝となるサイトコンテンツの制作、顧客コミュニケーションの土台となるSNSやメルマガの環境が整ったら、さらに新規のリーチ獲得とリピーターの育成を目指しましょう。広告を活用してあなたの情報を届けにいくのです。

「新規顧客獲得のためにSNSをはじめる」という方が多いですが、安定した新規顧客へのリーチを獲得するのであれば、メタやグーグルなどのインターネット広告の運用をオススメします。

SNSは外部環境やタイミングによって集客数の増減が激しく左右されるため、不安定です。対して広告はコストがかかるものの、新規顧客へのリーチが安定的に確保できます。詳細な効果検証もできるため運用しやすいという利点もあります。

すでにSNSで集客できているという方もいらっしゃるかもしれませんが、月商30万円の壁を突破し、さらに高みを目指そうとする方は広告運用もぜひご検討ください。

ひとことで広告といっても、様々な配信メニューがあるので「使ってみたくても、どのメニューを実施すればいいかわからない」という悩みをよく聞きます。

初期段階で僕が推奨するのは「あなたのお店を認知しているが、購入に至っていない人」へアプローチできる広告です。具体的には二つのメニューをオススメします。

オススメ広告① グーグル広告の商標リスティング

商標リスティングとは、ユーザーがあなたの商標をグーグル検索した際に、検索結果ページに表示されるリスティング広告の一つです。商標というのは、僕の場合は「チャコールバターコーヒー」や「イートハック」などの商品名です。

商標リスティングでアプローチできるのはどのようなユーザーでしょうか。あなたの商標を検索している、つまりすでにあなたのお店を認知していて、さらに詳しい情報を探しているユーザーだろうと想定できます。あなたのお店の商品もしくはブランドに興味がある「見込み顧客」であることは間違いないでしょう。

図表4-9　商標リスティングの例

「イートハック」が商標登録されているため、グーグル検索した時に、広告として検索結果の上位に表示されるようになる

商標リスティングはグーグル広告の管理画面から簡単に出稿できます。詳しい設定方法については、ユーチューブに様々なレクチャー動画が投稿されています。ご自分がわかりやすい動画をぜひ調べてみてください。

オススメ広告②　サイト訪問者へのリターゲティング広告

最近、ある特定のサイトの広告を急にたくさん目にするようになった。そんな経験はありませんか？　それはもしかしたらリターゲティング広告かもしれません。

リターゲティング広告を簡単に説明すると、一度サイトに来訪したユーザーに対して、ユーザーのアクセスした別のウェブサイトなどに広告を表示させることができる、というものです。広告を表示させるユーザーを設定することをターゲティング、と言います。

ターゲティングはユーザーの行動履歴や属性データなどをもとに設定できます。僕が活用しているのは、グーグルとメタのリターゲティング広告（グーグルはリマーケティング広告と呼びます）です。

インスタグラムとの併用で効果的にリターゲティング

リターゲティング広告は様々な設定で配信できますが、僕が必須としているターゲットは、次の二つです。

リターゲティングに適したユーザーの例

- 商品ページを訪問してくれたユーザー
- インスタグラムのフォロワー

まず月商30万円の壁を突破しようとしている方は、前述の2例の中でも「インスタグラムをきっかけにネットショップへ訪問してくれた人」を中心にターゲティングしてみてください。本章で、インスタグラムのフォロワーを増やし、さらにフォロワーを増やすためにプロフィールへ誘導する広告を打つという施策をご紹介しましたが、そこで得られたフォロワーに対してリターゲティングを行うというものです。目安としては、ECサイトの月間PV（表示回数）が500を超えたら実施してみましょう。

具体的な対象は、①フォロワー、②インスタグラム内でなんらかのアクション（インスタグラムをフォローしてくれている、過去の投稿に「いいね！」を押してくれたなど）をしてくれた人、③インスタグラムの広告配信をきっかけにネットショップへ訪問してくれた人、などです。

インスタグラムだけではないですが、あらゆるコンテンツを有益なものとして提供し、お客様やフォロワーと丁寧にコミュニケーションを取ること。この積み重ねで広告運用を続ければ、必ず売上につながります。

図表4-10 メタのリターゲティング広告の例

ユーザーの行動履歴や属性をもとに、訪問した別のサイトに広告を出すリターゲティング。画面はフェイスブックに広告が表示された例

まとめ

- インターネット広告は安定した新規顧客へのリーチを獲得できる
- オススメは商標リスティングとリターゲティング広告

第4章のまとめ

月商30万円の壁を突破する施策は事業拡大に欠かせない土台づくり

月商30万円の壁を越えるためには、事業拡大に欠かせない確固たる土台づくりが必要になります。第4章では、そんな土台づくりに必須のステップをご紹介しました。次のチェックポイントを、改めて振り返ってみてください。

月商30万の壁を突破するためのチェックポイント

①「新規顧客の獲得」と「リピーターの育成」を意識しているか
②認知からリピート購入までのフェーズを意識しているか
③インスタグラムのフォロワーを増やし、広告で集客を促せているか
④お客様の課題解決につながるコンテンツはつくれているか
⑤タッチポイントの質と量を兼ね備えた情報発信が行えているか

⑥ LINEによるフォロワーのパーソナライズ化ができているか
⑦ メルマガ活用による顧客との関係性の構築ができているか
⑧ 商標リスティングのリターゲティング広告を活用できているか

もちろん「これをやったら即売れるようになる」という話ではありません。運営の方向性として、これらのサイクルを回していくことで、月商30万円の壁は乗り越えられると思います。

言うは易く行うは難しで、実際に取り組むのは大変かもしれません。口をすっぱくしてお伝えしますが、商売の原理原則は相手に貢献することです。情報を提供して相手の役に立ち、先にギブをして信頼を獲得する。収益は後からついてきます。信頼を獲得した後で商品を紹介すれば、購入につながりやすくなります。

ギブからはじめるこのやりとりをインターネットの力で効率化し、絶対的な母数（見込み顧客）を増やします。月商30万円の壁は土台となる仕組みを徹底してつくり込むことで乗り越えられるでしょう。

図表4-11 月商30万円の壁を突破するためのチェックポイント

- ☑ ①「新規顧客の獲得」と「リピーターの育成」を意識しているか
- ☑ ②認知からリピート購入までのフェーズを意識しているか
- ☑ ③インスタグラムのフォロワーを増やし、広告で集客を促せているか
- ☑ ④お客様の課題解決につながるコンテンツはつくれているか
- ☑ ⑤タッチポイントの質と量を兼ね備えた情報発信が行えているか
- ☑ ⑥LINEによるフォロワーのパーソナライズ化ができているか
- ☑ ⑦メルマガ活用による顧客との関係性の構築ができているか
- ☑ ⑧商標リスティングとリターゲティング広告を活用できているか

さていよいよ、次章から月商１００万円の壁に立ち向かいます。さらにハードルが上がりますが、どうすれば乗り越えられるか、しっかりお伝えしていきます。引き続きお付き合いください。

まとめ

- 月商30万円の壁を越えるには、事業拡大のための土台づくりが必須
- ギブからはじめてお客様の信頼を獲得しよう。収益は後からついてくる

第5章

月商100万円の壁を突破するための施策

100万円突破の心構え

本質的に大切なことは投資の意識とリスクを背負う覚悟

さあ、次は月商100万円の壁の突破を目指しましょう。率直に言って、100万円の壁は30万円の壁よりも、格段にハードルが上がります。

30万円までは、がむしゃらにアクションを起こして手数を増やせば成果が出るため、目標達成はそこまで難しくなかったと思います。しかし、100万円ともなれば「投資」の意識や、損失のリスクを背負う覚悟も必要になります。

誤解を恐れずに言いますが、モールでもなく、せどりでもなく、自社サイトで100万円の売上を立てることは、それらと比較しても、圧倒的に難しいと僕は考えています。

第4章で「ネットショップの役割は、『ものを売ること』ではなく、『お客様の人生の役に立つこと』」と繰り返しお伝えしましたが、モールやせどりのように、「ものを売る」ことに注力する運営形態と、お客様に対して価値提供をしていくことに注力する自社サイトの運営形態は、まったく考え方が違うのです。

だからこそ、LINE公式アカウントやインスタグラムを活用した顧客コミュニケーションは、月商30万円の壁を突破するために欠かせない重要な土台となっているわけですが、その上でさらに飛躍し、100万円の壁を突破するという目標を達成するために必要なことをズバリ述べます。

それは「集客のための広告運用のスキル」、そして「広告費用の投資とリスクへの覚悟」です。ネットショップ事業を成長させるための方法論は様々ありますが、顧客コミュニケーションの土台がある上で、さらに実践すべき集客方法としては、メタやグーグル、LINEやヤフーなどの媒体広告の活用だと僕は考えています。

第5章は、ネットショップの広告運用に関するマインドセットと具体的な方法論をお話しします。集客効率を高め、売上を伸ばし続ける広告運用のノウハウです。ぜひ参考にしてください。

月商100万円の壁

- 投資の意識や損失のリスクを背負う覚悟があるかどうか
- 効率的に売上を伸ばし続ける広告運用のスキルがあるかどうか

また月商100万円ともなれば一つの立派な事業です。たんに広告をやろうという話だけではなく、損益計算も踏まえた上での適切な広告運用を学んでいただきたいと思います。

まとめ

- 月商100万円の壁を突破する肝は「投資の意識」と「リスクを背負う覚悟」
- 自社サイトのEC運営では、お客様の人生に役立つことを意識する
- 広告運用のノウハウを身につけることが飛躍の鍵となる

損益計算と広告費の捻出

EC運営を「事業として」損益計算し、広告費を捻出するための現状把握を

僕が運営するオンラインサロンで、「事業成長には広告費の効率的な投資が不可欠」とお話しした際に、「広告費の予算はどうやって決めたらいいのか」と質問がありました。そこでお答えしたのが「自分のネットショップ事業の損益計算をする」方法でした。これが想像を超えて好評でしたので、本書でもご紹介します。

実際には「いくら広告費をかければ、いくらの売上が立つ」という方程式はありません。商材や環境によって変わるからです。

もし計算した通りに事業がうまくいくのなら、世の中の経営者は全員が億万長者になっていますよね。計算通りにいかないのが世の常。ここで必要なのが「自分を数字として評価できるフォーマット」なんです。

ここでまず理解してほしいのが「損益計算書（PL：Profit and Loss statement）」です。これは事業の健全性を把握するための書類であり、損益計算は事業の収支バランスを確認するために必要な計算であり、売上目標の達成へと導く方程式です。

事業を継続するには利益を出し続けなければなりません。売上から商品の原価、宣伝費、各システムの使用料などの経費を差し引きして「いくら手元にお金が残ったか？」を把握することが大事です。

僕が思うに、ネットショップ運営の初心者は数字的な分析力が弱い傾向にあります。お金にまつわるリテラシーは事業規模にかかわらず、必要な知識です。苦手意識を持たずに積極的に勉強するようにしましょう。

損益計算で、一つの商品における収支のバランスを視覚的に把握し、営業利益を出す計算式を図表5－1に簡潔にまとめました。これを参考に、まずは自社の商品がどれくらいの収支で営業利益を出しているのかを把握してみてください。

図表5-1　損益計算書のイメージ

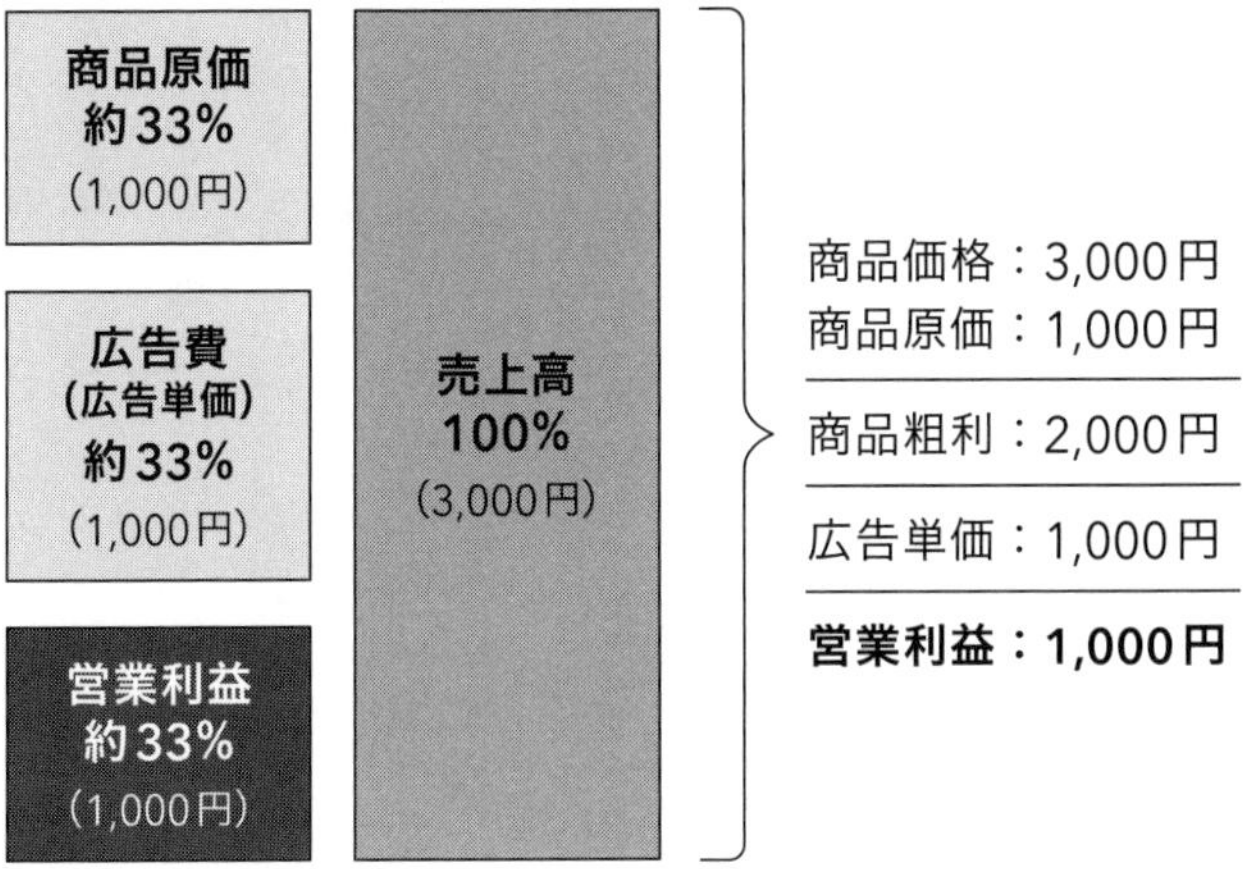

加速度的な成長に「広告への投資」は不可欠

ネットショップの売上をいち早く拡大するためには、様々な施策を講じる必要があります。中でも僕が特に必要と感じているのは「広告費」という投資です。

第4章で、お客様のアクションには「認知→コミュニケーション→購入→リピート購入」というフェーズがあることをお伝えしました。実は、事業者が最も苦戦するのが、第一段階の「認知」（獲得）なのです。

もちろんSNSの運用が上手であれば、お客様とのコミュニケーションによって、広告などを使わなくても認知獲得ができるでしょう。ただし、コミュニケーションは大事ですが、信頼関係を築くのに時間がかかったり、専門知識がなく価値提供につながる情報発信ができない場合は苦戦する可能性があり、万人がうまくいくわけではありません。

成功確率を考えれば、広告を運用したほうが得策なのです。ですから、一般的なネットショップ運営者にとって、認知獲得のために広告費を充てることは非常に大切だと考えています。

新しいお客様から認知してもらうための「継続的」かつ「安定的」な方法論として、僕は広告運用をご提案します。

まとめ

- 事業の継続は利益を出し続けることが必須。損益計算で収支バランスを確認しよう
- 新規顧客の認知獲得を継続的かつ安定的に促す手法として広告運用が効果的

広告運用のスキルは必須

広告代理店にいきなり投げない。まずは自分で運用してみよう

広告運用に対する苦手意識がある方は、自信のなさからいきなり広告代理店に頼りたくなるかもしれません。ですが、まずは自力で試してみることをオススメします。

広告代理店に依頼すると様々なナレッジを教えてもらうこともできますから、存分に予算があるのならアリだと思います。一方で、自分ならではのノウハウが確立できない、支払う運営手数料ほどのリターンを得るのが難しいといったデメリットもあります。

もちろん僕が知らないだけで、少額予算からでも事業成長のために強くコミットしてくれる広告代理店もあるかもしれません。ただ僕の周囲で少額予算から大きく飛躍させてくれた広告代理店の名前を聞いたことはありませんし、僕自身もそのような支援を受けたことがありません。

前述のデメリットは広告代理店の問題ではなく、運用手数料というビジネスモデルに限界があるからでしょう。予算が少額の広告主にはあまり時間をかけられませんから、手厚く対応してもらえるかどうかはあまり期待できません。貴重な広告費を払うのなら、まずは自分で運用してみることがオススメです。

確かに10年ほど前は状況が違いました。広告を出稿することは専門性が高く、難易度が高かったのですが、現在の広告は運用システムも使いやすくなり、ハードルが下がっています。ネットリテラシーが低い方でも、頑張れば広告を出稿できる時代です。

僕の運営するサロンのメンバーにも、もともとインターネットに詳しくなかったのに、今は自力で広告を運用している方がいます。ある50代の女性は、僕のアドバイスを参考にして自力でメタ広告に出稿できました。

広告媒体はメタ広告だけで十分

本書を手に取ってくれた方は、当然のことながらネットショップの売上を上げるためにたくさんのノウハウが欲しいと考えていると思います。

少し期待はずれな答えになってしまうかもしれませんが、ぶっちゃけて言わせてください。現代の広告運用においては、「あれもこれも」と広く浅く覚えるよりも、媒体（プラットフォーム）は一つに絞ったほうがいい、というのが僕の考えです。

一つのプラットフォームを使い続けてトライ&エラーを重ねれば、次第に媒体を熟知できます。アウトプットを改善して、お客様にとって最も魅力的となる広告のクリエイティブを研究することが効率よく売上を上げるコツです。

主要なインターネット広告というと、メタ広告、グーグル広告、ヤフー広告、LINE広告の4媒体。決して数は多くないものの、それぞれの媒体の運用方法を習得しようとすれば、時間や金銭的なコストが膨大にかかってしまいます。

何よりも、広告は出稿して終わりではありません。出稿後の効果検証や改善など、やることが多岐にわたります。ましてや月商100万円を目標とするのであれば、効率を考えて媒体は絞り込むべきと思います。

そして、僕が様々な方の広告運用をお手伝いしてきた中で出した結論は「メタ広告への集中」でした。メタ広告をとことん極めるのです。メタ広告は、初心者の方でも比較的結果を出しやすい媒体だと、サロンの運営経験上からも感じています。

メタ広告の予算はどう決める？

メタ広告とは、フェイスブックやインスタグラム、メッセンジャーといったメタ社が提供するサービスへ配信する広告の名称です。画像や動画形式で広告を配信できます。

本書でお話ししているのは僕の経験と主観に基づく、いわば「ミウラタクヤ式」とも呼べるものです。広告運用や媒体の選び方は様々なご意見がありますし、否定するつもりもありませんが、ここからは僕が自信を持ってオススメする方法を余すところなくご紹介します。ぜひ信じてついてきていただけたらうれしいです。

広告運用について相談を受ける時、「目標売上が〇〇円なのですが、広告予算はいくら必要ですか？」と聞かれることがよくあります。

経験則からだいたいの数字はお伝えできますが、正直言えば「わからない」というのが誠実な答えです。ブランドの認知度やSNSの活用状況、お客様の問い合わせにしっかり対応しているかなど、様々な「変数」が関わるため、正確な数字を出すことは不可能なのです。つまり、「やってみないとわかりません」というのが結論で、たくさんの試行錯誤と検証を繰り返してはじめて最適な予算が導き出せます。

まとめ

- 現在はインターネット広告のシステムが使いやすくなっていて、初心者でも広告運用が可能な時代。独自のノウハウを確立するために、まずは自分で運用してみよう
- 月商100万円を目指すなら、効率を考えて広告媒体は絞るべき。初心者でも比較的効果を出しやすい「メタ広告」がオススメ
- 試行錯誤と検証を繰り返して、はじめて最適な予算が導き出せる

広告運用の初心者は、獲得効率のCPAを指標にしよう

広告運用の世界には、CPA（Cost Per Acquisition）という指標があります。「新規の顧客獲得1件あたりにかかるコスト」を示すものです。

たとえば新規の顧客を10人獲得したとします。かかった広告費が10万円の場合、1人を獲得するためのCPAは10万円÷10人＝1万円になります。これが20人獲得できた場合、CPAは10万人÷20人＝5000円になります。

つまり、CPAは低いほど運用効率がいいと言えます。計算もしやすいことから、広告運用時にはこのCPAを指標にすることをオススメします。広告の効果を測定する指標は様々あるのですが、初心者の方はまずCPAの計算に慣れましょう。

図表5-2　CPAの求め方と計算例

求め方

CPA ＝ 広告費 ÷ 顧客獲得件数

計算例

CPA 5,000円 ＝ 広告費 10万円 ÷ 顧客獲得件数 20人

CPAの求め方

- CPA（新規の顧客獲得1件あたりにかかるコスト）＝広告費÷顧客獲得件数（コンバージョン数）

● 目標とするCPAの決め方は2パターン

事業を存続させるためには「お金をいくら残すか？」が肝になります。お金を残しつつ、事業を成長させるために広告に投資する。では最適な投資金額はいくらなのか？

最適な投資金額を見極める際に指標とするべきなのがCPAなのですが、目標とするCPAを算出する際は次の二つの計算方法を推奨します。

CPAの算出方法①
粗利益から目標CPAと広告費を計算する

たとえば1万円の商品を販売すると、売上は1万円です。原価が3000円だと、粗利益は7000円になります。ざっくり言うと、1件あたりのCPAを7000円以内に抑えれば、赤字にはならないということです。

厳密には原価以外にも諸経費がかかりますが、大まかな考え方としては売上から原価を引いた粗利益の範囲内、と考えれば大丈夫です。

たとえば損益計算上、売上高1万円－商品原価3000円－広告費5000円＝営業利益2000円の時、CPAが5000円だった場合を考えてみましょう。

このCPAで100件の注文（＝100万円の売上高）を獲得するとなると、単純計算で売上高100万円、商品原価30万円、広告費50万円、営業利益20万円となります。雑な計算ではありますが、事業として利益が出ることはわかります。

つまりCPAが5000円であれば、100万円の売上高を上げるために必要な広告費は50万円だ、ということになります。

図表5-3　粗利益から目標CPAと広告費を計算する

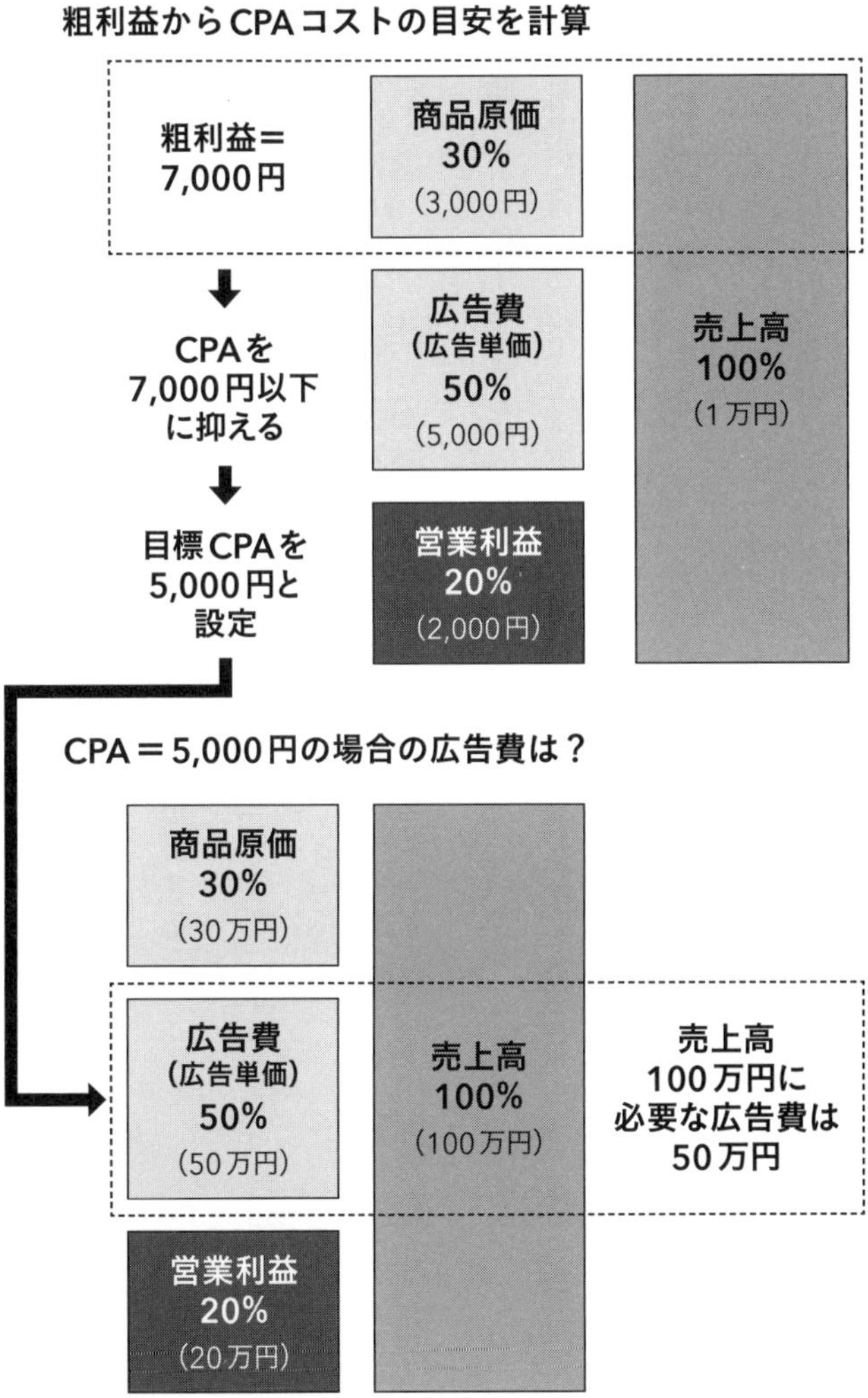

あくまで広告を使った新規顧客の獲得においてはこのような計算になります。リピーターからの注文などが積み重なると、計算方法はまったく異なってきます。

CPAの算出方法②　LTVから目標CPAを計算する

しかし、商材や競合が多数存在するようなマーケット環境によっては、粗利益の中でCPAを獲得できないケースもあります。広告運用をどれだけ頑張ったとしても、理想とするCPAを下回らない場合があるということです。

そんな時に目安にするべき指標がLTV（Life Time Value）です。「顧客生涯価値」という意味で　厳密に言うとLTVは主に以下の二つの定義があります。

LTVの二つの定義

①　1年間での1人の顧客からの総売上
②　生涯での1人の顧客からの総売上

広告運用の場面では、①の「1人のお客様から1年間でどれだけ売上をいただけるのか？」を示す指標をＬＴＶと表現することが多いようです。今回の説明でも①を前提にお話しします。

ミウラタクヤ商店でも、ＣＰＡの設定はＬＴＶから算出しています。たとえば、あるサプリメント1個あたりの販売価格が６０００円、原価が１８００円だとします、つまり粗利益は４２００円になります。この状況で粗利益からＣＰＡを算出すると、４２００円以内でなければ事業として成り立たないといえます。

サプリメント業界は飽和状態であり、完全なるレッドオーシャン。広告の費用対効果も悪い部類に入るマーケットです。ＣＰＡが５０００円以上になるケースも多々あり、４２００円以内で新規顧客を獲得することが難しいと想定します。

それでは「広告は使えないのか？」と疑問が浮かぶのですが、ここでＬＴＶを使うと状況が変わります。売上高を1個あたりの販売価格からＬＴＶ（1年間での1人の顧客からの総売上）に置き換えてみます。

LTVの平均値が2万円だとすると、売上高2万円－商品原価6000円＝粗利益1万4000円になり、4200円までと考えていたCPAの上限金額を上げることができます（キャッシュフローの問題は解決する必要があるのですが）。

これは「初回は赤字だけど、リピート注文を増やして2回目以降の注文で黒字化させよう」という考え方です。LTVを使った計算方法、リピーターありきでお客様からいただける粗利益を考え、それをCPAに設定するという考え方に基づいています。

ご紹介したCPAの算出方法は両方とも少しざっくりとした計算方法ですが、考え方の方針として覚えておいていただければと思います。

広告費についていくら予算を設定すればいいのか悩まれている場合は、ぜひCPAを用いて新規顧客の獲得効率を考えながら、予算を設定していくといいでしょう。

図表5-4　LTVから目標CPAを計算する

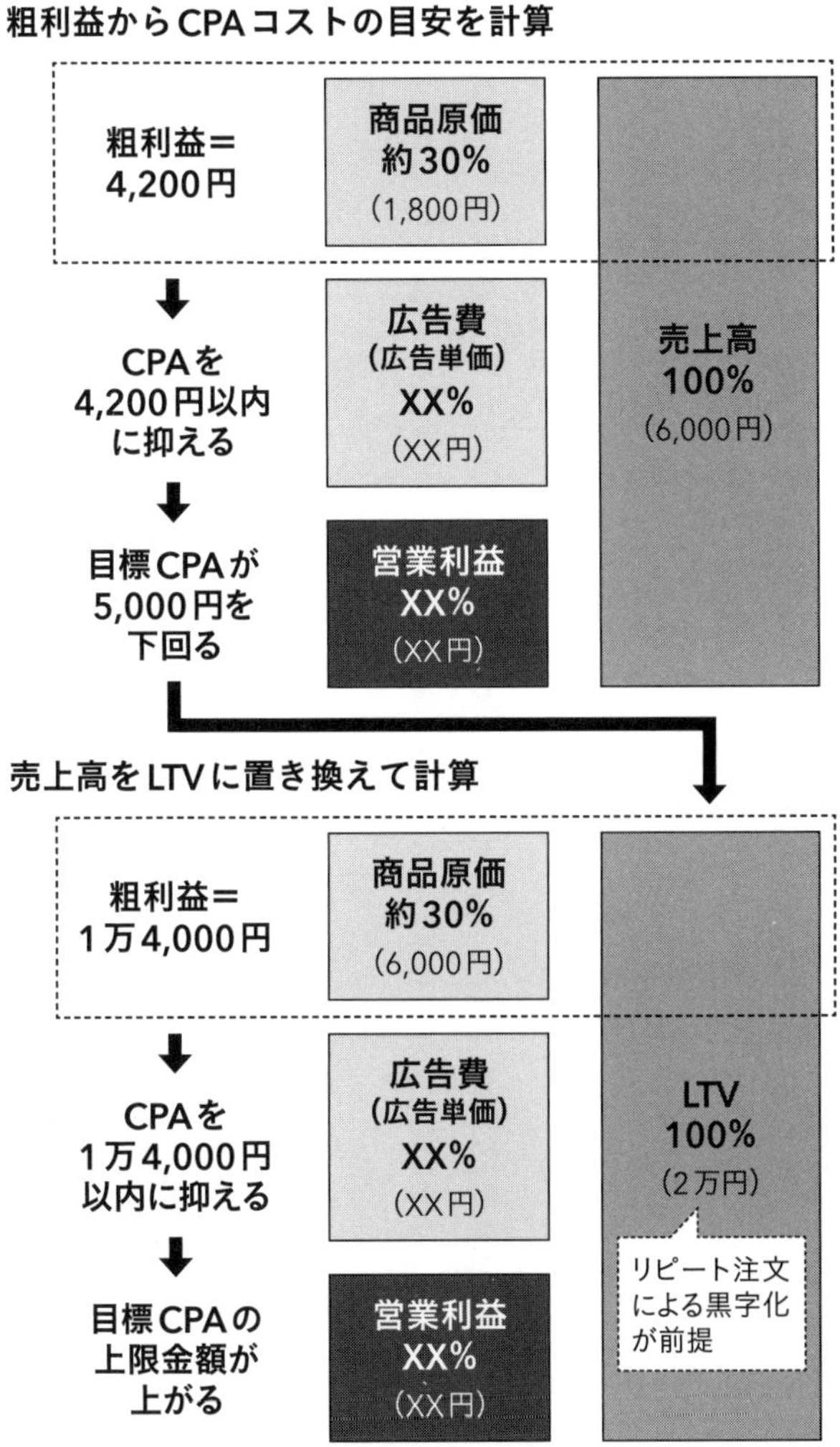

●CPAを下げる努力と、相場を知る努力

新規顧客の獲得効率は良いに越したことはない――誰もがそう思って努力を重ねるのですが、現実には限界があります。それは「マーケット内での適切な評価」というものです。「どれだけ頑張っても、これ以上CPAを下げられない」という物理的なラインがあるのです。

やみくもに「CPAをとにかく下げる」と考えるのではなく「この商材のマーケットでは費用対効果の適切なラインはここである」と、しっかりマーケットの相場を把握して事業計画を立てることが大切です。

事業の成功に必要な要素は「ラッキーパンチを探し続ける」ことではありません。最終的な売上に関わる「変数」を見定めた上で、変数に適したアクションを検討し、成功確率をできるだけ高めることが大事なのです。

変数というのは、たとえば「商材の値段」だったり「顧客へのメルマガの件数」「ラン

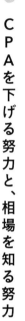

ディングページの品質」などにより異なってきます。単純化して言えば、「10万円以上の腕時計」のＣＰＡと「１０００円のサプリメント」では新規顧客獲得コストが異なるのは容易に想像できるでしょう。

商材のカテゴリや訴求軸などでも広告の費用対効果は異なります。だからこそ「自分たちの商売の適切な数値感」を試行錯誤しながら適切に把握することで、アクションを改善し、最も利益を出す損益分岐点を自らつくることが必要です。

変数の見定めは事業を成長させるために不可欠な要素です。見定めができれば、自分の狙い通りの売上を達成するために現実的な計画を立てられるようになります。

数多くの事業を経験してきた経営者でもない限り、感覚的に変数を見定めることはできません。まずは自分で手を動かして広告を運用してみてください。トライ&エラーを繰り返して分析しながら、マーケットの相場感をつかみましょう。

たんにＣＰＡを下げる努力だけでなく、相場感覚の把握も広告運用には大変重要です。

●掲載期間ではなく、CPAを基準にする

「効果を検証するためにはどれぐらいの期間、広告を配信したほうがいいですか？」という相談もいただきますが、僕はとにかく「期間よりもCPAで考えましょう」とお伝えしています。

中には「もう少し続けて機械学習の学習を深めましょう」とアドバイスされる方もいます（最近は機械学習技術による自動入札やクリエイティブの作成・配信機能が使えるためです）。しかし、これはある程度大規模な事業者向けのアドバイスだと考えます。月商100万円を目指す段階では、あまり意味がないように思います。

機械学習に期待して予算を消化し続けたとしても、結局コンバージョン（注文などの成果）が出ないというケースもあります。小規模な事業者にとってはコストの負担が大きくなるためオススメしません。

クリエイティブが良い広告は、配信後すぐにコンバージョンが出ることがあるので、

「目標とするCPAをオーバーした広告は停止する」というシンプルな考え方でいいでしょう。

一つ注意してほしいのは、メタ広告は広告配信からコンバージョンが出るまでにタイムラグが発生することがあるということ。つまり「配信直後の分析ではコンバージョンが出なかったから広告を停止したが、3日後にコンバージョンが出た」という状況もあり得ます。

そのため、一度配信を停止した広告に後日コンバージョンが出たことが確認できたら、その都度再開すれば問題ないでしょう。

このように、初心者の方はまずCPAを基準にして、少しずつ状況を把握していくことをオススメします。少しラフに聞こえるかもしれませんが、あくまで広告予算が少なく、手探りの状態で運用しようとしている方向けのアドバイスです。潤沢に広告予算を持つ事業者は機械学習を活用するのも手ですし、より計画的な運用が適していると考えます。

まとめ

- 広告運用の初心者がまず指標にするべきはCPA（新規の顧客獲得1件あたりにかかるコスト）。CPAは低いほど広告の運用効率がいいと言える
- 目標とするCPAの決め方は①粗利益から算出する、②LTVから算出する場合の2パターン
- 広告予算が限られている、あるいは手探り状態の小規模な事業者が広告掲載の継続を検討する場合は「目標とするCPAを上回った広告は停止する」「タイムラグでコンバージョンが出たら、その都度再開する」というトライ&エラーを

クリエイティブは量産しつつ言葉に具体性を持たせよう

僕が広告についてアドバイスする時に必ずお願いしているのは、バナーや動画などのクリエイティブは、たくさんつくってもらうこと。この時、「できる限りたくさんつくってください」とお伝えするわけですが、この「たくさんつくる」ということがなかなか難しいようです。

厳しいことを言うようですが、バナーを2〜3枚つくった程度では成果は出ません。目安としては一つの訴求軸に対して最低5枚以上のクリエイティブをつくりましょう。

CPAを下げるクリエイティブとそうではないクリエイティブの差というのは、非常に繊細なものです。ささいな違いは、細かく表現を変えたパターンを量産しなければ、絶対に検証できません。

「クリエイティブを量産しましょう」と言っても、デザインに凝ったバナーを量産しようという意味ではありません。表現を細かく変えたパターンを数多くつくっていただきたいのです。

言葉にはとことん「具体性」を持たせる

あるキャンペーンを訴求するために、広告用のコピーを用意したとします。あなたはどちらのコピーに興味を持つでしょうか？

①　期間限定キャンペーン実施中

②　90日間限定500円、オフクーポンを配布中！

ほとんどの方が②を選んだのではないでしょうか？　実際に僕が広告を運用している中でも②のほうがはるかに興味を持たれています。

このように、広告の費用対効果に大きく影響するのは「いかに具体性を持たせるか＝言葉を洗練するか」ということ。言葉（コピー）の洗練具合が高ければ高いほど、広告の費用対効果は良くなるといえます。

キャンペーン期間の長さに関しても、期間を表す単位は一つではありません。90日以外にも「3カ月」「三カ月」などの表現も考えられますが、先述の例ではより具体性を感じさせる表現として「90日間」を選びました。

「クリエイティブの量を増やす」を言い換えると、「言い回しのバリエーションをたくさんつくる」ということです。多くの広告をつくり検証していけば、費用対効果の高い広告に出会えます。

まとめ

- 広告のクリエイティブは、些細な表現の違いで効果が変わる。最適解を見つけるには、たくさんパターンをつくることが一番の近道
- 広告に使うコピーには、いかに具体性を持たせられるかが勝負。具体的であるほど広告の費用対効果は良くなる

刺さる訴求軸を探す

最適なクリエイティブを見つけ出す三つのステップ

クリエイティブの検証は、広告運用を改善する原理原則となるもの。ここでは、三つのステップで進めていきますが、ミウラタクヤ商店の商品である「栄養豊富なプロテイン」を例にお話しします。

ステップ① 大きな訴求軸を複数パターン出す

プロテインのスペックから複数の打ち出し方（訴求軸）を考えます。たとえば、次のようなことを書き出してみましょう。

① 栄養満点のプロテイン
② タンパク質とサラダ並の栄養が取れるプロテイン

③　朝ご飯の置き換えとしてダイエットに使える
④　植物由来のタンパク質が摂取できるプロテイン

最初のステップでは、こうした訴求軸を複数パターン出してみて、比較検討します。①の訴求軸は「栄養満点」に軸足を置いています。②はタンパク質とサラダが同時に摂取できる点。③は朝食に代替できるという訴求軸、④はタンパク質が植物由来であるという点です。どれも、広告においてどこをお客様に訴求するのかで変わってくることがわかるでしょう。

第2章で「売れる理由のデザイン」を考えて、顧客ニーズを徹底的に把握してほしいと述べましたが、その作業がこうした訴求軸を考える上で、非常に役に立ちます。

ステップ②　最も反応の良い訴求軸を見つける

訴求軸により広告の費用対効果は大きく変わります。ステップ①で考えた訴求軸を使って広告を配信し、それぞれの効果を検証し、最も効果的な訴求軸を見つけ出しましょう。

第3章では、レッドオーシャンのプロテイン市場で、「断食専用のプロテイン」というコンセプトを新たにつくり出し、市場を開拓したという話をしたことを思い出してみてください。そうしたコンセプトを見つけ出すにも、複数の訴求軸を試し、効果を検証していく中で見つかっていくものです。

ステップ③ 効果の良い訴求軸の言い回しを変える

前述の①～④のうち、たとえば検証の結果、最も効果が良かった訴求軸が「②タンパク質とサラダ並の栄養が取れるプロテイン」だったとします。

この訴求軸のキーワードである「タンパク質」「サラダ」を分解して、言い回しのパターンを考えます。タンパク質を連想する「鶏のささみ」、サラダを連想する「食物繊維」というように、パターンを増やしていくのです。

言い回しの例

- 鶏のささみを食べると、サラダの栄養素も一緒に取れる。このプロテインがオススメ
- 食物繊維とタンパク質が一杯で取れる。プロテイン

- 気になるタンパク質と、豊富な食物繊維でヘルシーな食生活の代わりになるプロテイン
- 不足しがちなタンパク質と食物繊維がいっぱいで、しっかり摂取できるプロテイン

どれも一部の言葉を言い換えたり補足したりするといった些細な違いです。なかなか想像つかないかもしれませんが、この些細な違いで広告効果は激変します。

広告運用を成功させる鉄則は「消費者に刺さる訴求軸と最も適切な言い回しを見つけること」です。最も効果的な訴求軸と言い回しを見つけたら、テキストや写真、動画を使って広告をつくります。

先述した理想的なＣＰＡを目指して広告効果を改善していけば、スピーディーかつ安定的に事業が成長し、月商１００万円の壁を超えられるでしょう。広告に苦手意識をお持ちの方もスモールスタートで構いませんから、ぜひ広告運用にチャレンジしてみてください。

まとめ

- 広告運用を改善する原理原則はクリエイティブの検証。三つのステップを通して、最も効果的な訴求軸と言い回しを見つけよう
- 理想的なＣＰＡの目標設定とクリエイティブの検証ができれば、スピーディーかつ安定的に事業は成長する。広告に苦手意識がある人も、ぜひ自分で挑戦してみよう

広告によるコミュニケーション①

「誰に」「何を伝えて」「どうしてほしいか?」を明確にしよう

広告運用は「売るために実施すること」。それは認識として間違っていないと思います。ただ「広告を出せば売れる」というのは大きな勘違いで、広告の役割は文字通り「広く告げる」だけです。広告出稿＝売れる、のような誤解を感じますが、広告の役割は、あくまで自分たちのことを知らない方々へ、お金を払ってリーチすることです。その意味で「広告費をかけたとしても、お店が生み出す価値が商品やコンテンツに伴っていないと売れない」のもまた事実です。

広告は自分たちのことを知ってもらえるだけの手段で、それ以上でもそれ以下でもありません。だから、繰り返し述べているように、広告を運用する際の大前提として、「お客様の役に立つこと」「お店としての価値を提供すること」を優先し、ECサイトの「売れる理由」を必ず念頭に置きましょう。

そして、もう一つ僕が大切にしている考えは「広告も顧客とのコミュニケーションツールである」ということ。インターネットの世界は顔が見えませんが、自分がオンラインで打ち出す施策の向こうにはリアルな人間がいるのです。これも必ず念頭に置いてください。

第4章で、新規顧客からリピーターまでのフェーズを、ざっくり認知→コミュニケーション→購入→リピート購入の流れとして示しました。ここで言う広告は「認知」と「コミュニケーション」にあたります。顧客ニーズを把握し、「売れる理由のデザイン」をきちんと行えていれば、広告のクリエイティブにもその要素が色濃く反映されます。つまり、広告そのものがコミュニケーションの一つとなるわけです。コミュニケーションが取れた上で注文をいただけると、リピーターになってもらえる確率も上がります。

また購入前の認知のフェーズをより細分化すると、お客様のネットショップや商品に対する温度感は「タイミング別」で分けることができます。

認知をさらに細分化したフェーズ

① 自分たちのことをまったく知らないお客様

② 認知したばかりのお客様
③ 購入を深く検討しているお客様
④ 自分たちを応援してくれているお客様

このようにお客様のネットショップに対する思いにも異なるフェーズがあり、広告によってどのようなコミュニケーションを取るべきかが変わってきます。認知段階の見込み顧客に対して仮説を立て、「誰に」「何を伝えて」「どうしてほしいか？」という意図を広告に込めることも運用者には不可欠です。

まとめ

- 広告は認知とコミュニケーションのフェーズで力を発揮する
- 認知段階のフェーズに応じて、クリエイティブをつくることも重要

広告によるコミュニケーション②

お客様は「思い出す」「使い方がわかる」ことで商品を購入してくれる

これまで「訴求軸」でクリエイティブを出し分ける方法、さらに「お客様のフェーズ」に応じてクリエイティブを出し分けるという手法をお伝えしました。ここでは、後者をさらに深掘りして、ミウラタクヤ商店における広告運用例をご紹介します。

お客様のフェーズに応じて出し分ける広告の例

① 未認知のお客様↓断食プロテインという手法を伝える広告
② 認知未購入のお客様↓商品を活用して具体的に実践する方法を伝える広告
③ 購入してくれたお客様↓三浦が教える商品の使い方を伝える広告
④ 購入してくれたお客様↓思い出してもらうためだけの広告

このようにお客様との関係性やリピート購入までのフェーズを想像し、クリエイティブを出し分けることで、お客様とのコミュニケーションが最適化され、商品が売れるという流れをミウラタクヤ商店では目指しています。結果、実際に良い形での新規顧客獲得からリピート購入まで実現できている手応えを感じています。

第4章でお伝えしたリターゲティング広告などもうまく活用することができれば、フェーズごとに「誰に」「何を伝えて」「どうしてほしいか?」の使い分けは実現することができます。お客様の状態をたくさん想像して、フェーズ別にクリエイティブを出し分ける姿勢を持ちましょう。

広告運用は初心者からのスタートの場合、覚えることが多く大変な作業です。しかし、将来的に売れるようになるために、広告運用スキルは必須と僕は考えています。「難しい」と最初から諦めるわけではなく、少しずつ自分のスキルを成長させる意識で広告運用に取り組んでみましょう。

●広告はCRM施策の一つと考えよう

広告は新規の顧客獲得をするための方法論。これが今までのネットマーケティングの常識でした。僕のクライアントでも「新規顧客以外には広告費を使いたくない」という方は多くいらっしゃいます。

しかし僕は、その意見は間違っていると思っていて、現代の広告運用においては「新規の顧客獲得のためにも、既存の顧客とのコミュニケーションのためにも広告費は使うべき」と考えています。

そもそも、「広告なし」で顧客との十分なコミュニケーションは取れるでしょうか？既存のお客様とはLINEやSNS、メルマガなどを活用してリーチを取ることはできると思います。ただ、一つ考えてみてほしいのが「自分が逆の立場だったら、すべてのコンテンツを見ますか？」という点です。

当たり前のように「1度購入してくれた既存顧客へのコミュニケーションはメルマガとLINEなどのCRM[※3]で十分」と考えられがちですが、僕はあえてCRMとして広告を活用しようと主張したいです。

現代の消費者のスマートフォンには情報があふれています。たくさんのアプリを抱えて通知が常に届くような状態で、一般的なCRMだけで十分に既存顧客とコミュニケーションは取れるでしょうか？　実は僕はそう考えていません。

第4章で「メルマガは思い出してもらうために出す」と述べましたが、広告にも似たような側面があります。既存顧客にブランドを思い出してもらうことは、コミュニケーションを通したCRM施策と同じような意味合いがあるはずです。

お客様は「思い出してこそ」商品を消費してくれる

この発想に辿り着いたのは、僕自身、通販が好きなのでサロンメンバーの商材をたくさ

※3：CRMはCustomer Relationship Managementの略で、「顧客関係管理」の意味。顧客の属性やニーズを把握し、ネットショップとの良好な関係を構築したり、維持したりするための施策を指す

ん購入していたのですが、購入後に消費していないことに気づいたのです。要は購入をしたけど「使っていない」という状態でした。

商品購入後に使う商品・放置してしまう商品について考えてみたところ、ブランドのことを思い出す商品は消費するが、逆にブランドのことを思い出さない商品は消費しない、ということに気づいたのです。要はメルマガやLINEなどで目に触れないショップは商品を消費しないけど、積極的にSNSで目にするブランドは消費していたのです。

第4章でも、お客様が「商品を購入すれば使う」と考えるのは幻想、とお伝えしていますが、実際に「購入した商品のアフターサポートがなければ消費されない」ということに気づいたのです。

だからこそ、お客様に商品を消費してもらうための仕掛けが必要であり、最も大切なことは「まず思い出してもらう」ことを考えた時に、メルマガなどのCRMだけでリーチは十分なのか？　という疑問もわくのです。

購入者に「使い方」を示す広告でリーチ

そう考えた時に僕が実践したのは、「購入者のリストに対して広告を露出する」という方法でした。本節の冒頭で示した「③購入してくれたお客様→三浦が教える商品の使い方を伝える広告」「④購入してくれたお客様→思い出してもらうためだけの広告」に該当するアプローチです。

メタやグーグル広告の配信メニューで、登録したリストに対して広告を露出するというリストターゲティングというメニューがあります。配信する内容は「商品を消費してもらうための広告」ですから、まずは前述の③にあたる「商品の使い方ページ」をリンク先にして、広告を入稿してみたのです。その結果、その広告経由でもコンバージョンが発生しました。配信先が少なくなるために、大きな母数が獲得できるわけではありませんが、他の広告に比較してもCPAが下がったのです。

最初はテスト的に「商品の使い方」の広告を配信しましたが、その後は同じターゲットに対して「ダイエットをする方法」など、商品を活用する時に併用するとダイエット効果がより上がるような方法（情報コンテンツ）を広告で配信しました。その結果、ほとんどの広告でコンバージョンが発生する状況が生まれました。

●広告でお客様とのコミュニケーションを取りにいこう

このことで気づいたのが、リピートしてもらうためには「思い出してもらうことが必須」であるのはもちろん、コンテンツによって「思い出させるパワーが異なる」ということ。たとえば、すでに商品を購入している人に対して、

- この商品の◯◯が素晴らしい
- この商品をうまく使いこなすコツ

と広告内容に、二つのテーマがあった場合、どちらが「思い出して」「読んでみたくなる」でしょうか？　おそらく後者だと思います。商品のモノ要素よりも、自分の生活に役に立

つ情報（コト要素）のほうを顧客は求めているからです。だからお店としては、それを広告で届けてコミュニケーションを取りにいくことで、お客様のブランドに対する情報浸透度や信頼性が上がってくるのです。

このように「広告を活用することでコミュニケーションを取りにいく」ことができれば、自然とリピートされる確率は上がってくると思いませんか？　まだ定量的に検証はできていませんが、ミウラタクヤ商店では、この取り組みをはじめてから、リピーターから発注をいただける確率が上がってきていると感じています。

顧客とのコミュニケーションは売上に直結します。逆に言えば、一般的なマーケティング手法にこだわらなくても、お客様としっかり意思の疎通ができるだけの情報を提供できていれば、商品は売れるはずです。そのコミュニケーションのために広告費用を投資することも、僕は非常に大切だと思うので、共感いただけた方はぜひ「購入者リストへ広告を露出」することへチャレンジしてみてください。

まとめ

- 広告はCRM施策の一つ。既存顧客とのコミュニケーションのために活用しよう
- 商品は「思い出してこそ」消費される。そのために広告は有効な手段
- 「使い方」を提示した広告で、リターゲティング広告を打つ
- 広告でお客様とのコミュニケーションを取りにいく、と意識しよう

第5章のまとめ

月商100万円の壁を突破する施策はいかに賢く広告に投資できるかにかかる

第5章では、主に広告運用によって、より大きな利益を取りにいくための心構えや具体的な運用方法についてお伝えしました。

要点をまとめると、次のようになります。

月商100万円の壁を突破するためのチェックポイント

①「投資の意識」と「リスクを背負う覚悟」を持てるか
②損益計算で収支バランスを確認し、広告費を捻出できるか
③広告運用でたくさんの試行錯誤を重ね、適切な予算を見極められてきているか
④目標とするCPAを適切に把握できているか
⑤クリエイティブをたくさんつくり、言葉に具体性を持たせているか

⑥　クリエイティブを検証し、刺さる訴求軸を見つけられているか
⑦　お客様のフェーズに応じた広告を出し分けられているか
⑧　広告によってお客様とコミュニケーションが取れているか

ほぼ広告運用の話に終始していますが、それは月商10万円の壁を突破する施策と月商30万円の壁を突破する施策が、これらの土台になっているためです。

10万円の壁を突破するには、顧客ニーズの把握からブランドが貢献できることを言語化し、それに基づいたポジショニングとコンセプトを固め、ＳＮＳ発信やコンテンツ作成、広告、ＰＲ活動に注力するという、極めて基礎的な施策をお伝えしました。

さらに30万円の壁を突破するには、それらの施策を土台として、新規顧客とリピーターの育成方法を主にインスタグラムとＬＩＮＥ公式アカウントを活用した顧客コミュニケーションの中から導き出していくことをお伝えしました。

これらを実施し、検証と改善を繰り返していくのはかなり難しいですし、大変な労力を要するかと思います。しかし、みなさんの努力によって、本当に30万円の壁を突破するための土台づくりが行えている状況であれば、より大きな金額を動かしてリスクを取り、さ

図表5-5　月商100万円の壁を突破するためのチェックポイント

- ☑ ①「投資の意識」と「リスクを背負う覚悟」を持てるか
- ☑ ②損益計算で収支バランスを確認し、広告費を捻出できるか
- ☑ ③広告運用でたくさんの試行錯誤を重ね、適切な予算を見極められてきているか
- ☑ ④目標とするCPAを適切に把握できているか
- ☑ ⑤クリエイティブをたくさんつくり、言葉に具体性を持たせているか
- ☑ ⑥クリエイティブを検証し、刺さる訴求軸を見つけられているか
- ☑ ⑦お客様のフェーズに応じた広告を出し分けられているか
- ☑ ⑧広告によってお客様とコミュニケーションが取れているか

らに新規顧客と既存顧客にアプローチを重ね、コミュニケーションを濃密にするための広告運用こそがステップアップの手段としては近道です。

本章で述べたように、モールやせどりのようなモノ要素に特化した売り方ではなく、ヒト要素やコト要素が顧客の認知やアクションを左右する自社サイトの運営では、売上を伸ばすことはとても難しいことです。だからこそ、30万円までの土台があるうちに、次の一手として多くの人にアプローチできる広告は非常に有効ですし、

本書でオススメしているメタ広告のリターゲティング広告は、特に顧客ニーズや売れる理由を把握しているという土台があるからこそ有効な手法でもあります。

もちろん、10万円の壁、30万円の壁、100万円の壁の施策をミックスしてみるのも有効でしょう。試行錯誤しつつ、自社ブランドの最適解をぜひ見つけてください。

まとめ

- 各月商ステージの壁を突破する施策が、月商100万円突破の土台
- ここまでまとめた①〜⑧を改めて確認し、日々の検証・改善に役立てよう

第6章

突破の先へ。「売れ続ける」ための運営術

最適解の模索①

売れ続けるためには、自分だけの「最適解」が必要になる

さて、これまでに月商100万円の壁を突破するために必要なことをお伝えしてきました。ご紹介した情報はウソのない、僕が自信を持ってオススメできる内容ばかりです。本書の内容を実践すれば売上が向上する可能性は大いにありますし、月商100万円どころか、さらに大きな売上も期待できます。

しかし残念ながら、本書を読んだだけ、内容を実践するだけでは月商100万円を「突破し続ける」ことは無理です。

EC事業の成功に必要なのは「自分のやり方で売上を上げること」。人の教訓から得た知識を取り込み、さらにオリジナル化させる。「あなたならではの方法論」をつくり出すことが大切なんです。

人から教わった方法は、普遍的に効果があるとは言えません。それは他の誰かも同じことができるからです。はじめる人が多いほど競合が増えていくわけですから、同じ方法だけを繰り返していたら、いずれは「売れない要因」になってしまいます。

縁あってこの本を手に取ってくださったあなたには、「売れた」ではなく「売れ続ける」という体験をしてほしいと思っています。

まず僕のノウハウをベースとして取り入れ、試行錯誤を重ねましょう。そしてあなたならではの最適解を見つけてください。

まとめ

- 人から教わった方法を繰り返すだけでは、いずれ売れなくなる
- 学んだことをベースに自分だけの最適解を導き出し、「売れ続ける」ネットショップを目指そう

最適解の模索②

「顧客体験を高めるコンテンツ」と「コンテンツ量産の効率化」が最適解の鍵

自分の最適解を見つけるには、細部の検証と改善の繰り返しが必要です。運営方法の一つひとつに目を光らせ、ケアする意識を持ちましょう。

中でも特に重視すべき、最適解の変数は「顧客体験を高めるコンテンツ」と「コンテンツを効率的に量産する運用スキル」です。

これまで繰り返しお伝えしましたが、ネットショップが成功を収めるには「コトによってお客様に貢献する」という姿勢が必要不可欠です。「コト」とは第2章で触れたように、お客様への提案軸を指しますが、コンテンツ制作の文脈で捉えると、お客様に提案する「情報」と言い換えることができます。ですので、本章でコトと言った場合は、提案軸を含めた広い意味での「情報」だと考えてください。モノ（商品）の機能だけでなく、モノ以外を起点としたおもてなし（これもコト）で、お客様の生活にプラスとなるよう努力していきましょう。

本章ではコンテンツを活用して顧客体験を高めよう、なんだったらコンテンツそのものを商品として販売し、売上にしてしまおう、という話もします。コンテンツの商品化は、月商10万円、月商30万円、月商100万円それぞれの壁を突破するための促進剤にもなります。

もう一つの変数、コンテンツ量産の効率化においては、システムを分身ロボットのように使いこなすという考え方が大切になります。現代ではテクノロジーが発達し、小規模の事業者でもできることのレベルが相当高まっています。話題のChatGPTやShopifyなどもその例です。

僕がEC家庭教師のコンサル業務やEC事業者向けのオンラインサロンのメンバーなどから話を聞いた限りでは「ツールを使える人」はいても「使いこなせている人」はほとんどいないように感じます。正直「もっとツールを使いこなせば売上が上がるのに……」とヤキモキすることもあります。

文章をつくるのが得意、広告運用が得意、SNSの運用が得意、ネットショップを構築できるなど、端的なポイントで得意分野があるだけでは売上にはつながりません。ネットショップの世界は「すべてできる」というオールマイティーな人が成功できるのです。

本章は他の章の補完として、

- コンテンツを売上アップにつなげる「ミウラタクヤ式コンテンツ活用術」
- コンテンツ量産を効率化する「ミウラタクヤ式コンテンツ量産術」

という二つのメソッドをご紹介します。

ぜひ最後までお付き合いください。

まとめ

- 自分だけの最適解を見つけるには細部の検証と改善が不可欠。特に「顧客体験を高めるコンテンツ」と「コンテンツを効率的に量産する運用スキル」を重視しよう
- 現代にはテクノロジーを使いこなせば、収益アップを狙える環境がある。だからこそ、すべての分野を得意分野にし、オールマイティーなスキルを身につけよう

ミウラタクヤ式コンテンツ活用術①

ネットショップ運営は「三つのC」の掛け合わせでうまくいく

ネットショップの運営には、大切な「三つのC」という考え方があります。

ネットショップ運営に大切な三つのC

① Contents（コンテンツ）：コンテンツを使ってお客様へ情報提供する
② Communication（コミュニケーション）：SNSやDMなどを活用してお客様とコミュニケーションを図る
③ Community（コミュニティ）：コミュニティをつくってお客様を楽しませる

これら三つのCはバラバラに運用するのではなく、掛け合わせることで力を発揮します。①のコンテンツはお客様に提供する情報ですから、発信することで自然と②のコミュ

図表6-1　三つのCは掛け合わされて力を発揮する

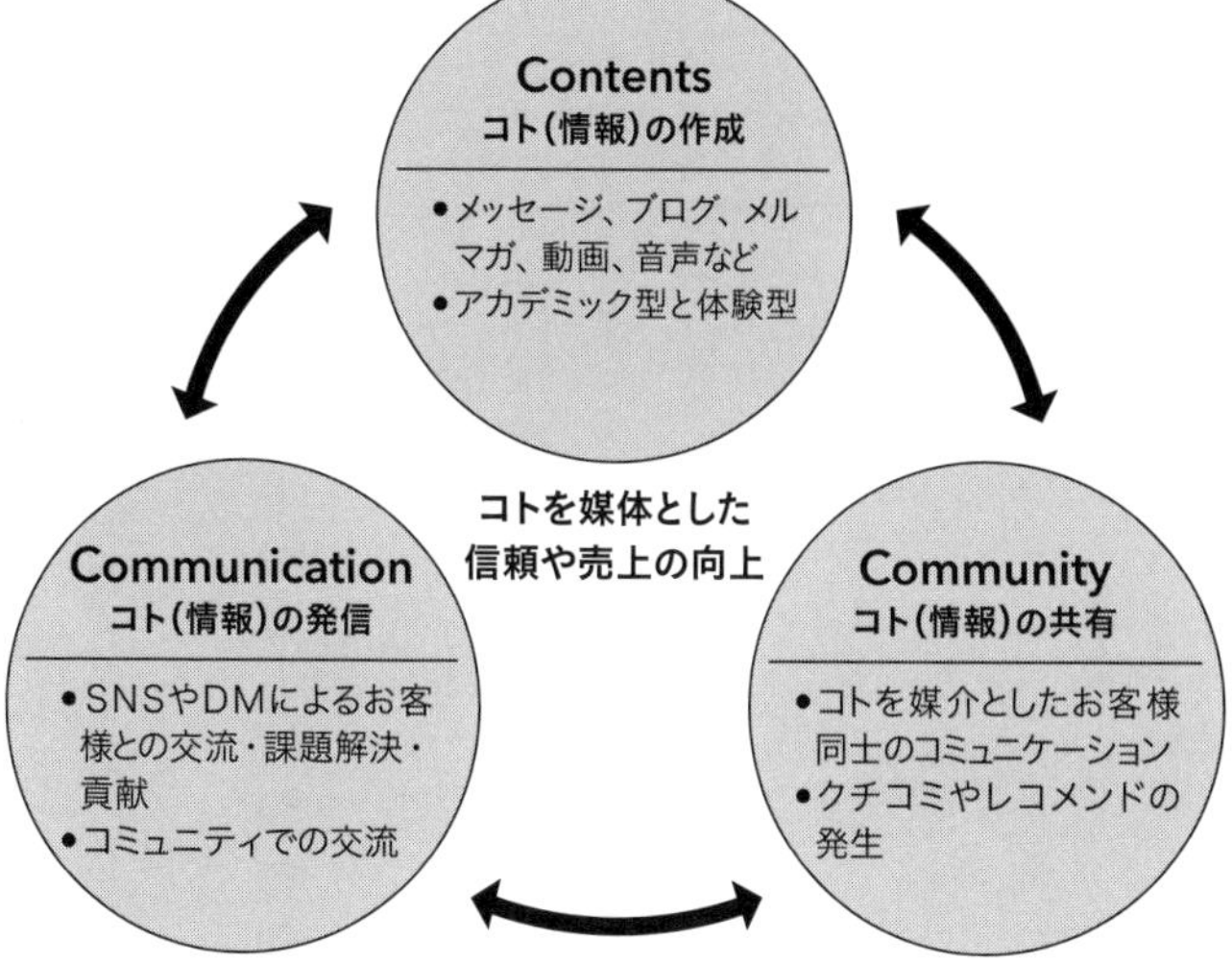

●メッセージ、ブログ、メルマガ、動画、音声など

コトを媒体とした

●SNSやDMによるお客様との交流・課題解決・貢献

●クチコミやレコメンドの発生

ニケーションと掛け合わされます。たとえば、お客様の課題をSNSやDMの情報によって解決するようなことは、①と②の掛け合わせの最たる例でしょう。

また、③のコミュニティは、店主からの一方通行でもなく、またお店とお客様との1対1の関係でもない、お客様同士がコト（情報）を共有し、交流するコミュニケーションの場です。コミュニティづくりはややハードルが高いのですが、これらが掛け合わされることで、ブランドへの信頼や商品の売上アップに大きく貢献してきます。

図表6－1を見るとわかるように、

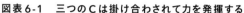

これら三つのCは、コト（情報）の作成・発信・共有というアクションサイクルの中で媒体となり、信頼や売上を相乗効果的に押し上げています。

●コンテンツのフォーマットは問わない

お客様にお店への理解を深めてもらうというコミュニケーションの観点から考えても、コンテンツによる情報提供は必要不可欠です。もう何度も繰り返しお伝えしていることですが、商売はお客様に貢献した対価としてお金をいただくもの。さらにこれからの時代はモノ（商品）だけではなく、しっかりしたコト（情報）の提供によってお客様の役に立つ必要があるということを忘れないでいてください。

コンテンツと聞いて想像するのはブログかもしれませんが、僕の考えるコンテンツは、あくまで「情報」。ですからフォーマットにはこだわりません。ブログのようなテキスト＋画像でもいいし、しゃべっているだけの動画でも、ポッドキャストのような音声番組でも十分だと思います。

●コンテンツには「アカデミック型」と「体験型」がある

ネットショップの運営にもコンテンツによる情報発信が不可欠になる時代では、ライバルたちも多くのコンテンツを発信するようになります。ライバルに負けないためにも、コンテンツは「質」も「量」も大切です。程度で言えば、僕の感覚では「そこそこに」良質なコンテンツを量産すること。情報競争に負けないためにも、どちらかというと、量に比重を置いています。

そもそもコンテンツには「アカデミック型」と「体験型」の二つがあると考えています。アカデミック型は、あまり知られてない「一般論」を提供するコンテンツ。ミウラタクヤ商店の場合なら健康食品に含まれる栄養素の詳しい説明などです。正しい情報を提供することでお客様に安心感を与え、お店の信頼獲得へとつなげます。

体験型は、お客様の声やスタッフ自身が使った感想など、自分たちにしか提供できない「オリジナル」のコンテンツです。お客様から見れば「ここでしか見られないコンテンツ」

となり、お店への愛着を生み出します。

顧客体験を高めるためには、どちらか一方のコンテンツに偏るよりも、両方のタイプをバランスよく発信することがベストです。

ただし、アカデミック型と体験型では、コンテンツのつくり方が大きく異なります。それぞれのコンテンツを効率的に量産する具体的な方法については、後述の「ミウラタクヤ式量産術」でご紹介します。

●コミュニティでは宣伝しない。それでも売上が伸びる理由

コト（情報）であるコンテンツはお客様の役に立つもの、また楽しませるものでもあるので、それを媒体としたコミュニケーションの場として、コミュニティをつくるのも有効な施策の一つです。

ミウラタクヤ商店で実際に行っているコミュニティ施策の一つに、ＬＩＮＥのオープン

チャットを活用したダイエットコミュニティづくりがあります。たくさんのテーマを用意して、テーマ別にお客様同士が相談し合える場所を構築しています。

たとえば「5キロ痩せたい人」「お酒を飲みながら痩せたい人」「ダイエットレシピ共有部屋」といったテーマでグループをつくり、メルマガなどで集客。お客様は好みのグループに入って交流できる仕組みです。

コミュニティ運営における僕の役割として重視しているのは、「グループの秩序を保つ」こと。いわゆる「荒らし」と思われる人を退会させるなど、お客様同士が楽しんで交流できる環境づくりを徹底しています。商品の宣伝はせず、基本的にダイエット以外のメッセージは送りません。あくまで目的は「お客様のダイエットを成功させる」ことです。

このコミュニティはお客様から好評で、最大のグループは300人近くの方が参加しています。日々盛り上がっているグループもあり、お客様の満足度も高いと感じています。

コミュニティ運営は「無料でお客様に奉仕している」ように見えますが、明確に売上につながっている手応えもあります。それは「僕が商品を宣伝しなくてもファンが自発的に宣伝してくれる」という流れがコミュニティの中で発生しているからです。

ダイエットコミュニティは、商品の未購入者も参加可能にしていて、「買うか悩んでいる人」「商品をまったく買う気がない人」も存在しています。未購入の方がグループでダイエットの悩みを相談すると、会話の中で別の参加者が「三浦さんのこの商品いいですよ」とオススメしてくれることもあり、結果的に売上につながる機会が増えるのです。

そもそもコミュニティの参加者の中にはミウラタクヤ商店の「ファン」がいます。彼らがグループで自発的に商品を紹介してくれることで、未購入者が購入を決める後押しになる。これこそコンテンツを使って認知を獲得し、売上を高める有効な施策の一つだと言えます。

まとめ

- ブランドの信頼、商品の売上を向上させる「三つのC」を意識しよう
- 今後はライバルもコンテンツを増やすことが予想される中で、コンテンツには「質と量」が求められる
- コンテンツは「アカデミック型」と「体験型」を上手に使い分けよう
- コミュニティはお客様を楽しませる一つのコンテンツ。宣伝をしなくても交流によって売れるチャンスが増える

コミュニティ運営はＬＩＮＥとフェイスブックの合わせ技で

実際にコミュニティをつくって運営する時、どのような方法で構築すればいいでしょうか？

先述のように、僕はＥＣ事業者向けのオンラインサロンやミウラタクヤ商店のダイエットグループなどを運営していますが、コミュニティを構築する手段を検証してきた結果、次の二つが使いやすいと感じています。

オススメのコミュニティ構築ツール

- ＬＩＮＥのオープンチャット機能
- フェイスブックのグループページ機能

もちろん、Ｓｌａｃｋ《スラック》やＤｉｓｃｏｒｄ《ディスコード》など他にも優秀なコミュニティツールはいろいろありますし、これらのツールでオンラインサロンを運営されている方々もいらっしゃいます。今回は、あくまで実際に僕が運営してきた経験に基づく話として読んでいただければと思います。

まずはＬＩＮＥのオープンチャットを使ったコミュニティ構築から説明します。

日本人であれば、誰しもが使っているであろうＬＩＮＥ。その公式機能であるオープンチャットで非公開のグループをつくります。つくったグループへＳＮＳのフォロワーや購入者を招待し、グループの交流を活性化させるという方法です。

オープンチャット内ではさらに複数のトークルームをつくる機能があり、個人的にはとても重宝しています。先に述べた「5キロ痩せたい人」「お酒を飲みながら痩せたい人」というように、テーマ別に話し合えるトークルームをつくります（図表6－2）。

ちなみに、これまで様々なテーマのトークルームをつくってみましたが、盛り上がるトークルームとまったく盛り上がらないトークルームは明確に分かれます。結局のところ

図表6-2　二つのツールを使ったコミュニティ活用例

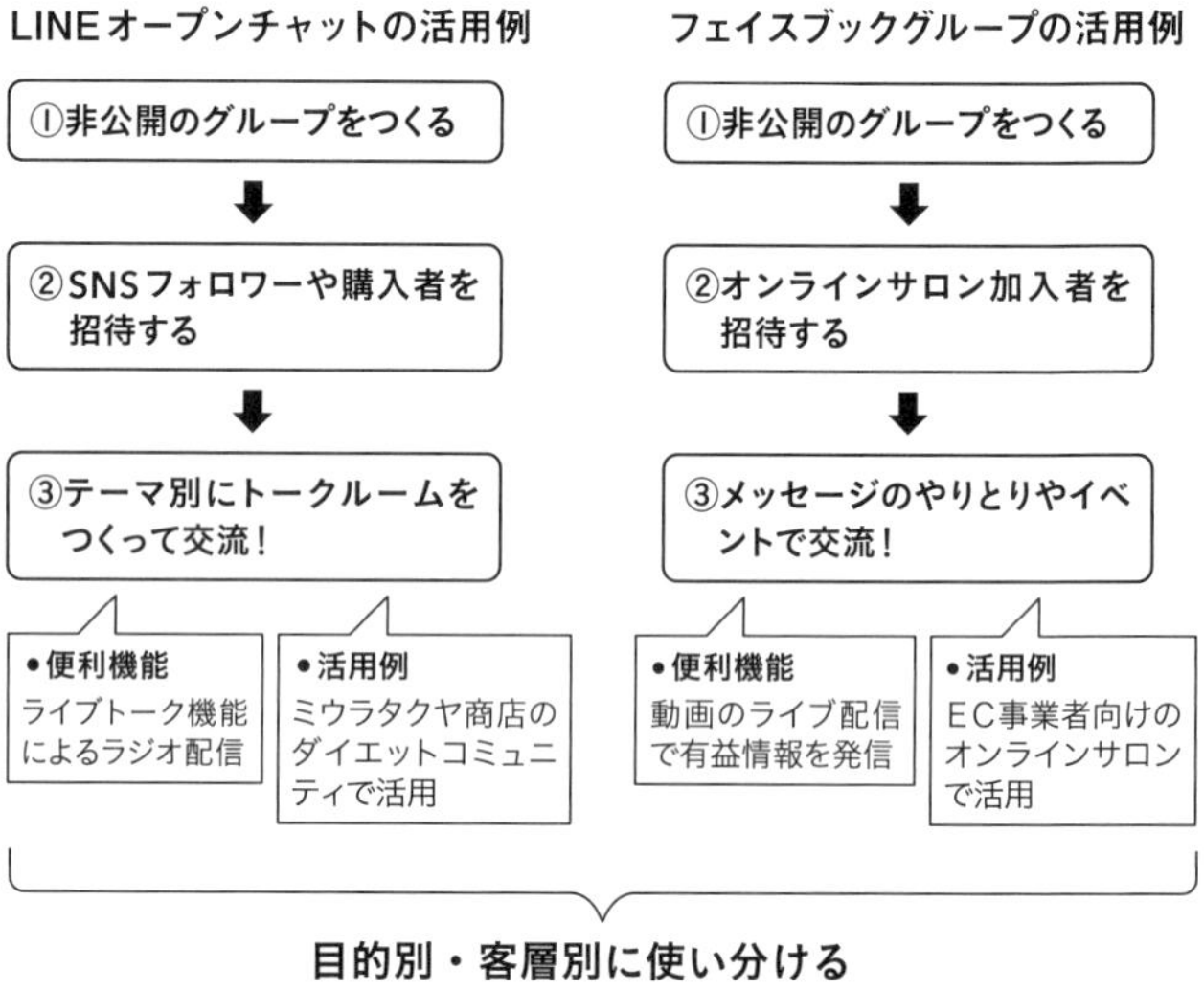
LINEオープンチャットの活用例
①非公開のグループをつくる
②SNSフォロワーや購入者を招待する
③テーマ別にトークルームをつくって交流！
●便利機能
ライブトーク機能によるラジオ配信
●活用例
ミウラタクヤ商店のダイエットコミュニティで活用
フェイスブックグループの活用例
①非公開のグループをつくる
②オンラインサロン加入者を招待する
③メッセージのやりとりやイベントで交流！
●便利機能
動画のライブ配信で有益情報を発信
●活用例
EC事業者向けのオンラインサロンで活用
目的別・客層別に使い分ける

「本当に興味があるテーマでないと盛り上がらない」ということのようです。

ニーズがありそうに思えても、実際はニーズがないというテーマもあります。トークルームは盛り上がらなければ意味がないので、テーマの企画はこだわるようにしましょう。

また、LINEのオープンチャットではリアルタイムで音声による会話ができる「ライブトーク機能」もあります。僕はオンラインサロンのメインコンテンツとして、ほぼ毎日、朝9時にラジオを配信しています。リスナーの反応に応じて話題を変えるなど、臨機応変に対応できる点が魅力です。

そしてLINEのオープンチャットにプラスして使っているのがフェイスブックグループです。僕はEC事業者向けのオンラインサロンで使っているため、月額制のサブスクリプションサービスに加入してくださった方々がメンバーとして招待されます。

グループ内でのメッセージのやりとり、イベント作成・管理などが行えるほか、大きな利点は「動画のライブ配信」が可能なことです。オンラインサロンではEC事業に有益な情報をやりとりすることが多いため、この機能を使い、セミナー形式の動画コンテンツを提供したい場合にはたいへん役に立ちます。

●「参加者が使いやすいSNS」を模索することも大事

オンラインサロンは当初、フェイスブックグループのみで運営していました。毎日のようにテキストを投稿したり、ライブ配信を行ったりと様々なコンテンツを投稿をしたものの、サロンメンバーからはいまいち満足できる反応が得られなかったという経験があります。

実際にサロンメンバーから「フェイスブックは普段あまり開かないため、コンテンツが見づらいです」という声もいただきました。そこで思いついたのが「日本人なら誰もが使っているＬＩＮＥでコンテンツを提供できないか？」ということでした。またミウラタクヤ商店のお客様が集まれる場所としても、ＬＩＮＥを活用できないかと考えていました。

いろいろと模索し、様々なスタイルでコミュニティをつくってわかったことは「ＬＩＮＥを使った運営は明らかに反応が良い」ということです。日常的になじみの薄いＳＮＳをサロンメンバーやコミュニティ参加者へ強いれば、明らかに反応が鈍くなります。

コミュニティを盛り上げるには「参加者の使いやすさ」を考えた運営も大切です。コミュニティ構築にあたってツールやシステムを選ぶ時は、ターゲットとなる層ができる限り日常的に活用しているＳＮＳやツールを選びましょう。

ちなみに、現在オンラインサロンはＬＩＮＥとフェイスブックの二つのＳＮＳを使ってコミュニティを運営しています。

●「購入判断はお任せ」で余裕ある運営こそＬＴＶは上がる

コミュニティが盛り上がったとしても、収益アップに結び付かなければ事業は継続できません。お客様を喜ばせながら収益もしっかり獲得できる、質の高いコミュニティ設計が必要になります。

コミュニティがお客様に与えるべきものは、情報を得たり、交流できたりといった「実のある体験」です。実のある体験をしっかりとお客様へ提供して信頼を得られれば、あとは無理に注文をごり押しするようなアクションは必要ありません。最終的な判断をお客様に委ねても注文が来るようになります。

とはいえ、お客様の信頼を獲得するというのは言うは易し行うは難し、です。とてもハードルが高い施策ですが、コミュニティによって実のある体験を提供できれば、間違いなくお客様に喜んで購入していただけるようになります。喜んでいただければリピート購入にもつながり、結果としてお客様からのＬＴＶが上がります。

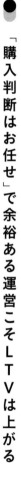

また信頼を獲得しているお店は、オフラインでの顧客紹介も多くなります。ネットショップのマーケットはオンラインだけだと思いがちですが、インターネット越しにやりとりをするお客様の周りには「リアルな人とのつながり」があります。

お客様に最高の接客をすれば信頼され、お客様から周りにいる人へ紹介していただけます。プロモーションをしなくても収益が上がったケースを僕は多く見てきました。

テーマ別のコト（情報）発信と交流、ラジオ配信や動画ライブなどのコンテンツを提供できるコミュニティは、リピート購入増加によるＬＴＶの向上、お客様からの紹介の増加といった結果につながります。コト（情報）でお客様に役立つことの大切さをご理解いただけたのではないでしょうか。

まとめ

- コミュニティ運営は参加者が使いやすい「LINEオープンチャット」と動画コンテンツが配信できる「フェイスブックグループ」の合わせ技がオススメ
- コミュニティではお客様へ「実のある体験」を提供しよう。お客様に喜んでもらえれば、リピート購入や紹介の増加といった収益アップにつながる

ミウラタクヤ式コンテンツ活用術③

有料コンテンツを販売した結果、ミウラタクヤ商店で起きた面白い事象

「はじめに」でもお伝えした通り、ミウラタクヤ商店は2022年に売上の大暴落を経験しました。広告の精度が落ちたことで、売上が大きく低迷したのです。

大暴落からの復活に向けて、お客様が商品購入に至るまでのフローを見直しました。そして、認知→コミュニケーション→購入という三つの段階があることに気づいたのです。また広告費用のコストパフォーマンスが落ちた要因は「認知獲得に対する費用対効果の悪化」であることにも気づきました。

これらの気づきを反映して、広告の訴求内容を商品内容から情報コンテンツへ切り替えたところ、認知獲得に対する費用対効果が改善し広告効果が上がりました。

●商品に対するニーズと情報に対するニーズは別物

情報コンテンツはこんなにも人々に受け入れられるのか、それならコンテンツを有料化して販売するのも収益アップに結び付くのではないか、と考えるようになりました。

そこで「ダイエットのコンサルティング」「ダイエットのワークショップ」を有料で開催しお客様へご案内しました。僕は常連さんが参加してくれると想定していたのですが、意外なことに参加者の多くは「新規顧客」だったのです。どうしてだと思いますか？

僕が感じたのは、「商品に対するニーズ」と「情報に対するニーズ」はまったく別物だということ。商品には興味がないけど、情報であれば有料でも購入したいという人たちもいるのです。

コンテンツの有料化に挑戦する前は、収益を上げる＝商品を販売することだと思い込んでいました。しかしマーケットニーズを明確に読み取り、お客様に価値を提供できるなら「情報商材」もアリだと新しい気づきを得たのです。

情報商材というと少し聞こえが悪いかもしれませんが、物販の商品と同じくお客様の生活に貢献するものであるという前提は何も変わりません。

有料コンテンツ＝情報商材も信頼を獲得する立派な商品

コンテンツの有料販売によって、もう一つの新しい顧客の流れができました。情報商材の購入をきっかけに、商品を購入してくれる人が現れたのです。

実際にこんな声をいただいたこともあります。

「三浦さんの講座を受けて、聞いた内容を参考にダイエットをしたらうまくいきました！三浦さんってめちゃくちゃ信頼できるから、これからはプロテインも三浦さんのお店で買いますね」

これも非常に興味深い事象でした。有料コンテンツがしっかりお客様にご満足いただける内容であれば、信頼獲得によって商品購入のアクションが生まれるのです。

話は少し逸れますが、小規模事業者がネットショップで利益を出すという観点からも、有料コンテンツはオススメです。コンテンツのポイントは「お客様が満足してくれる」ことです。

情報商材は梱包や配送といった概念が不要ですし、ものである商品よりも比較的手間をかけずに売りやすいと言えます。リソースが限られている小規模事業者であれば、収益が上げやすい方法は取り入れたほうが良いでしょう。

質の高い有料コンテンツを販売できれば新しい収益の軸が増えるだけでなく、お店に対する信頼度も上がります。結果として事業が良いサイクルで回ることが期待できます。

もしかしたら情報商材に抵抗をお持ちの方がいるかもしれませんが、情報商材として成立している例は豊富にあります。身近なところで言えば、カルチャースクールや学習塾も情報商材です。

中身がスカスカでは意味がないのですが、「この講座を受けて良かった」と言われるくらいに影響力のある内容をつくり込み、適切な価格設定で販売できれば立派な商品の一つです。ぜひ視野に入れてみましょう。

ネットショップ運営全般に共通することですが、たんに収益を上げるだけではなく「信頼獲得」を念頭に置いて商品設計をすれば、うまくいくはずです。

まとめ

- 「商品に対するニーズ」と「情報に対するニーズ」はまったく別物。良質な有料コンテンツは新しいマーケット開拓のチャンスになる
- 有料コンテンツ＝情報商材はものよりも販売の手間がかからず、小規模事業者も取り入れやすい。「信頼獲得」を念頭に置いて、商品設計してみよう

ミウラタクヤ式コンテンツ量産術①

アカデミック型はChatGPTに任せ、事実確認を徹底しよう

ここからは「ミウラタクヤ式量産術」として、僕が実践しているコンテンツ量産の手法をお伝えします。ご安心ください、めっちゃ簡単です。

先述したアカデミック型のコンテンツの肝は、「情報の正確性」です。極端に言えば、情報が正しければOK。感情に訴えかけるような文章力は求められず、「誰が書いているのか?」という書き手の特徴にはさほど価値がありません。

アカデミック型のコンテンツがお客様へ提供できる価値は、「必要な正しい知識を集めて教える」ということ。たとえば、当店のプロテインには「イヌリン」という食物繊維が豊富に含まれています。プロテイン購入者の中にはイヌリンを知らない方もいますから、イヌリンに関する一般的な内容がわかるコンテンツがあれば喜んでくれます。

このようなアカデミック型の一般論的なコンテンツに関して、僕はChatGPTに執筆をお願いしています。ChatGPTの素晴らしい点は学習能力もさることながら、人間よりも圧倒的に執筆スピードが速いことです。あっという間にブログを書いてくれますから、これを起点にメルマガやSNS用にテキスト量を調整すれば、効率的にコンテンツを量産できます。

ただし、人間による内容チェックは必須です。ChatGPTが執筆した文章は、情報の正確性について保証がありません。必ず自分でしっかり情報確認をした後にコンテンツとして世に出すようにしましょう。

まとめ

- アカデミック型は一般論を紹介するコンテンツなので、感情に訴えかけるような文章力は不要。執筆スピードが圧倒的に速いChatGPTに書かせて効率化するのが良い
- 要注意なのはChatGPTに書かせた文章は、情報の正確性が保証されないこと。発信する前に、必ず自分で内容を確認しよう

ミウラタクヤ式コンテンツ量産術②

体験型は音声入力を活用し、複数のコンテンツを制作しよう

次にお客様の声やスタッフの使用体験といった体験型コンテンツの量産術をご紹介します。それはズバリ、スマホなどの音声入力機能と文字起こしツールを併用することです。

体験型コンテンツの効率的なつくり方

①テーマを決めて話したものを録音する
②録音した内容をツールで文字起こしする
③ChatGPTで文章を整えてもらう
④最後に自分の文体に整える

ネットショップ運営のアドバイスとしてコンテンツづくりをオススメすると、「文章書

図表6-3　二つのコンテンツ量産方法の違い

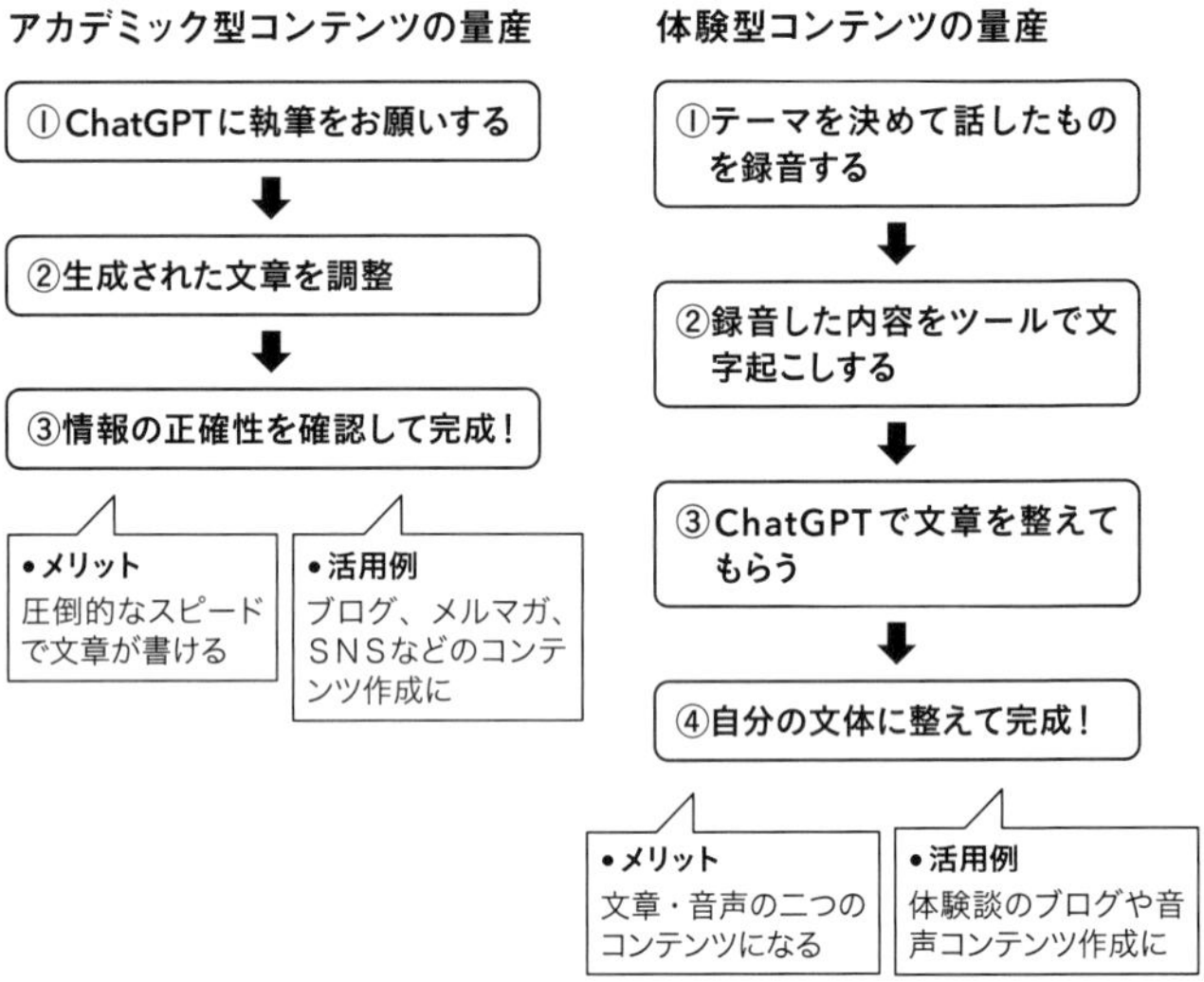
アカデミック型コンテンツの量産
①ChatGPTに執筆をお願いする
②生成された文章を調整
③情報の正確性を確認して完成！
●メリット
圧倒的なスピードで文章が書ける
●活用例
ブログ、メルマガ、SNSなどのコンテンツ作成に
体験型コンテンツの量産
①テーマを決めて話したものを録音する
②録音した内容をツールで文字起こしする
③ChatGPTで文章を整えてもらう
④自分の文体に整えて完成！
●メリット
文章・音声の二つのコンテンツになる
●活用例
体験談のブログや音声コンテンツ作成に

くのが苦手なんだよね」といった声をたくさん聞きます。しかし面白いことに、文章を書くのは苦手でも、語るのは流暢、という人もよく見かけます。語ることができれば音声を録音し、それを文字起こししてブログにすればコンテンツは完成です。

さらに音声を録音しているわけですから、そのままポッドキャストなどで公開できる音声コンテンツにもなります。音声入力をうまく活用すれば、文章と音声、2種類のコンテンツが簡単に制作できるようになるのです。

体験型は生の声を届けることに重

きを置くので、情報の正確性や裏付けを行う作業があまり発生しないことからも、前述のような手法を使えば、コンテンツを量産しやすい傾向にあります。ちなみに、文字起こしツールはＮｏｔｔａを使っています。

ご紹介したアカデミック型と体験型のつくり方は、慣れれば一つのコンテンツを10分からずにつくれるようになります。ミウラタクヤ商店が大量にコンテンツを発信し、毎日のようにメルマガを配信できるのは、こうした工夫の結果です。

コンテンツの発信量や頻度は売上に大きく影響しますし、信頼獲得においても大きなメリットになります。できれば毎日なんらかのコンテンツを発信したいところです。ぜひミウラタクヤ式量産術を使って、質と量を意識したコンテンツを制作しましょう。

まとめ

- 体験型コンテンツの量産には「音声入力」を活用しよう。文章を書くのが苦手な人も安心
- 音声入力を活用すれば、音声コンテンツもつくれる
- コンテンツの量は売上に大きく影響する。効率的に量産してコンテンツを発信し続けよう

ミウラタクヤ式コンテンツ量産術③

コンテンツは徹底的に「こすり倒す」、そして「何度も使う」

ネットショップ運営についてアドバイスする中で「非常にもったいない」と思うシーンに出会います。それは「せっかくつくったコンテンツを使い切っていない」というケースです。

たとえば、1000字程度のブログを1本つくったとします。僕であれば「メルマガにコピペする」「インスタグラムの画像にする」「X（旧ツイッター）の有料プランでつぶやく」「フェイスブックグループに投稿する」「台本にしてユーチューブ用の動画を撮る」などなど、転用しまくります。つまり、一つのコンテンツを「こすり倒す（使い切る）」のです。

転用すれば、コンテンツを量産する時間や予算といったコストが圧倒的に下がります。

使用頻度については「1カ月前に投稿した内容は再投稿OK」というルールにしていま

す。忙しくて新しいコンテンツをつくる暇がなくても、過去に投稿した内容を少し編集して再投稿することで、制作時間を短縮できます。

「1度投稿した内容を再投稿するなんて、お客様に迷惑じゃないですかね？」とよく言われるのですが、自分が顧客だとして、1カ月前の投稿を覚えていますか？

大炎上した話題ですら1カ月後には忘れられるような今の情報社会の中で、何気ない投稿をわざわざ覚えている消費者はいないのではないでしょうか。「思い出させてあげる」と考えれば、再投稿はむしろお客様にとって有益なことだと考えます。

つくったコンテンツを「使い切る」、そして「何度も使う」。この二つの観点からコンテンツ制作を行えば、効率的に量産できるでしょう。

まとめ

- 1度つくったコンテンツは様々な方法で転用して「使い切る」「何度も使う」
- この二つの観点からコンテンツを量産し、制作に必要な時間や費用を削減しよう

コンテンツをつくる目的

SNSのクロス活用で顧客体験を高めよう

コンテンツが大切だという話を繰り返してきましたが、あくまでコンテンツは手段であって、コンテンツの量産がゴールではありません。目的は、顧客体験を高めること。コンテンツを用いて、満足度の高い体験をしてもらう環境をつくるのです。

コンテンツの発信ツールとなるのがSNSですが、よくオススメのSNSを質問されます。僕は「できるのであれば全部やりましょう、そしてSNSを連動させましょう」と伝えています。

「連動させる」というのはLINEを使ってユーチューブへ誘導したり、またはインスタグラムを使ってLINEへ誘導したりすることを指します。僕はこれを「SNSのクロス活用」と呼んでいます。

ＳＮＳはサービスによって得意な表現領域があります。ユーチューブは動画が見やすい、インスタグラムは端的な画像が見やすい、ＬＩＮＥは1対1のコミュニケーションが強い、という具合です。それぞれのサービスに得意分野があるからこそ、複数のSNSを連動させるクロス活用によって、顧客体験のさらなる向上を目指せます。

SNSのクロス活用が成功した例

以前、ＬＩＮＥ上でお客様へ商品購入のきっかけなどを聞いた際に、このようなコメントをいただいたことがあります。

「はじめはインスタグラムの投稿で三浦さんの存在を知りました。その後ユーチューブでも三浦さんについて検索したら、動画も出てきたので視聴してみたんです。動画を見るとすごく信頼できそうだったので、ついLINEで声をかけちゃいました」

インスタグラムに投稿したシンプルなコンテンツから認知を獲得し、ユーチューブによる情報量の多い動画によって興味を引き出し、信頼を得る。そしてコミュニケーションの窓口としてLINEが役に立った。SNSそれぞれの強みが相乗効果を生み、新規顧客の獲得に成功した例と言えます。

情報はリッチであればあるほど、お客様からの信頼を獲得しやすいものです。インスタグラムだけではどうしても情報量が限られてしまいますので、できればユーチューブのように豊富な情報量が発信できるSNSを組み合わせて使うことをオススメします。複数のSNSを運用することはかなり大変な作業ですが、リターンも大きくなります。お客様の役に立てば立つほど、長いお付き合いとなりLTVの向上が期待できるからです。ぜひコミュニティやコンテンツを活用して「売れ続ける」ネットショップを目指しましょう。

最後に復習です

月商100万円の壁を越え、長く売れ続ける運営術のポイントは、次の2点に尽きると思っています。

- 顧客体験を高める努力
- 自分ならではの最適解を見つけること

僕のノウハウをどんどん使い倒して、あなただからできる魅力的なネットショップをつくりあげてください。応援しています！

まとめ

- SNSにはそれぞれ得意分野があるため、できるだけ多くのSNSを運用するべき
- SNSのクロス活用は顧客体験を向上させ、新規顧客の獲得など良い影響をもたらす

コラム

受注率を改善する六つのチェックポイント

「売れ続ける」ための施策の一つに、受注率の改善が挙げられます。

受注率とは簡単に言うと、ネットショップに訪問したユーザーがどれだけ商品を購入したかの割合を指します。お店側から見れば、お客様の購入というアクションは「受注」と言い換えることができます。また、お店側ではその受注をコンバージョン（注文などの成果）として設定している方が多いと思います。従って、一般的にECサイトの受注率はCVR（Conversion Rate）と略して表現されたり、簡単に「購入率」と呼ばれたりすることがありますが、ここではシンプルに「受注率」という用語で解説します。

受注率が低いということは、ネットショップに訪問したユーザー数から購入された割合が低いことを指します。逆に、受注率が高いというのは、訪問したユーザー数から購入された割合が高いことを指します。これは次の計算式で、数字として把握できます。

受注率の計算式

● 受注率（CVR）％＝購入数（コンバージョン数）÷訪問者数×100

この計算式に基づけば、たとえばネットショップ訪問者が500人で、購入数が20個であれば、「20÷500×100＝4」で、受注率は「4％」となります。ネットショップにおける受注率は一般的に1〜3％程度なので、4％は悪くない数字です。しかし、これが5％、6％と改善できれば、どうでしょうか？

仮に6%だとしたら、前述の計算ではプラス10個の商品が同じ訪問者数から売れたことになり、扱う商材にもよりますが、金額で言うとウン万円の差が出てきます。

ネットショップにアクセスする人の数が同じであれば、受注率が高いほうが良いのは言うまでもありません。「10万円の壁」に悩む方であれば、これを数%改善できるだけで、目標達成に一歩も二歩も近づけることにもなりえます。

では、受注率はどのようにして改善できるのでしょうか？　ここでは、ミウラタクヤ商店で僕が実践している六つのチェックポイントから、受注率改善のコツをお伝えします。なお、当店のECシステムはShopifyを利用しているため、Shopify専用のアプリを使う例も出てきます。他のECシステムをご利用の方は、類似アプリやサービスなどを組み合わせて、実施してみてください。

受注率の改善①　クレジットカード以外の決済手段を取り入れる

まず決済できる手段が少ない場合、間違いなく受注率は下がります。想像してみてください。ネットショップで「これが欲しい！」と思ったお客様が日常的にコンビニ払いをしているのに、そのお店だけが対応していなかったら？　その場で離脱されるのは明白です。

世の中には、現金でしか決済できない人が多く存在します。そうしたお客様にも快適に買い物をしていただけるように、決済手段は豊富に用意しておく必要があります。

たとえば法人の場合、アマゾンペイは必須です。個人営業の場合でも、Paidy後払いのほか、ノーコードで多様な決済手段を導入できるＫＯＭＯＪＵなどを利用し、コンビニ払い、スマホ決済を追加しましょう。また、もし追加できるようであれば、銀行振込も設定し、決済の種類を増やすことで、さらに受注率の向上を目指せます。

とにかく、せっかく商品をカートに入れたお客様が、決済の問題によって離脱してしまうことを極力防止することです。

余談ですが、コンビニ払いを設定して、決済されないケースがよく起こります。そんな場合は、無理をしてお客様を追いかけるよりは、「コンビニ払いは未払いが発生するもの」と割り切って運用するほうが、マインド的にも良い結果につながります。

受注率の改善② お客様に心地よい商品価格と送料のバランスを取る

ネットショップの仕組み上、決済時に送料が表示される場合、その時点でお客様にとって「送料が高すぎる」と感じられてしまったら、離脱を招く恐れがあります。

たとえば、２０００円の商品で、後から送料が１０００円と表示される場合と、２５００円の商品で、後から送料が５００円と表示された場合、どちらのほうがお客様の心理的負担は少ないでしょうか？　間違いなく後者のはずです。ここでは、価格の問題ではなく、予想外の高さの送料が表示されることによる心理的ストレスが、意外にも響く、という事実です。

特に、カートに商品が追加されてから「購入」ボタンが押されるまでの離脱率が50％を超えている場合は、送料の見直しが有効です。

カートに追加されているにもかかわらず、購入までに多数の離脱が発生している場合は、商品価格と送料のバランスを取るようにしましょう。

受注率の改善③ 購入完了までの導線をきちんと説明する

商品が購入されてから納期までの期間が長すぎる場合、注文のキャンセルが発生し、離脱につながることがあります。基本的に納期を前倒しすることはできないですが、改善ポイントはあります。

離脱が多いネットショップでよくあるのが、納期が注文から15日だった場合、「商品の到着まで15日」などと質素な表記をしていることがあります。ここには改善の余地があります。たとえば、ハンドメイド作品などはどうしても納期が長くなってしまう商材のため、「納期が長くなってしまう理由」をしっかり説明しましょう。

「商品の到着まで15日」と表示される場合と、「当店では品質にこだわっており、職人がオーダーメイドで商品をつくっています。そのため、納期までお時間をいただきます。ご了承ください」と表示される場合とでは、受け取る印象はまったく違ってきます。後者のような誠実かつ丁寧な表現に変えるだけでも、納期が長くなるデメリットを逆に品質の良さを提供しているというポジティブな印象に変えることができるのです。

納期が長くなりがちな商材を扱う場合は、この点に注意しましょう。

受注率の改善④ カゴ落ちメールの設定と文面を整える

商品をカートに入れたまま離脱しているお客様に対して、カゴ落ちメールは設定していますか？　僕が利用しているＳｈｏｐｉｆｙの場合、デフォルトでカゴ落ちメールを送ることができます。

とはいえ、カゴ落ちメールの文面がおろそかだと、あまり効果的ではありません。そうした細かい気配りができていないお店がけっこうあるように感じます。僕の経験上ですが、Ｓｈｏｐｉｆｙのデフォルトのカゴ落ちメールが届くと、少し冷めます（笑）。

ですので、できるだけカゴ落ちメールの文面を編集したいのですが、Ｓｈｏｐｉｆｙの場合は開発言語であるLiquidの専門知識が必要です。ただ、Klaviyo、Omnisend、OrderlyEmailsなどのアプリを活用することで、ノーコードでの編集が可能になります。これらのアプリを利用して、カゴ落ちメールの文面を改善することで受注率を高めることができます。Ｓｈｏｐｉｆｙ以外のＥＣシステムを利用されている方も、デフォルトのままになっていないかどうかチェックしましょう。

なお、カゴ落ちで離脱してしまった人には、クーポンの提供を設定するなど、もう一つ手を打つことで、ショップや商品のことを「思い出してもらう」きっかけになります。文面だけではなく、そうした対策もオススメします。

受注率の改善⑤ SNSへ登録するための導線を整える

本書で繰り返してきたように、お客様とのコミュニケーションにSNSの存在は欠かせません。インスタグラム、LINEなどこれまでオススメしてきたSNSへの登録導線は、御社のサイトにありますか？なければ必ずつくりましょう。

お客様は、「今すぐ購入する人」と「後で買おうと思っている人」にざっくり分けられます。この時、「後で買おう」と思っているお客様とのつながりを残せていますか？ SNS登録への導線を設定していないと、せっかくサイトに訪問してくれたお客様も、そのままサイトから離脱するだけで、つながりが一瞬で消えてしまいます。そのお客様が再検索をしてくれない限り（これはめったにないこと）、販売のチャンスは来ないことになります。

だからこそ、気軽にネットショップとのつながりをつくれるSNS登録への導線を、サイト内の至る所に設定して、つながりを残す努力をしましょう。ミウラタクヤ商店でも、サイトトップの右下にLINE登録のためのボタンをポップアップさせたり、インスタグラムのオススメ投稿を一覧表示させたり、各種SNSのリンクをまとめたページを作成したりしています。

ちなみに、SNSのアイコンを置いておくだけでは不十分です。「今後、ダイエットの情報をお届けするのでフォローお願いします」といったフォローするメリットを添えて、お客様の興味を引くような工夫をきちんと行いましょう。

受注率の改善⑥ SNSを継続的に運用し、安心感を与える

お客様がネットショップで商品の購入を判断する時、サイト内の情報だけで決めていると思っていませんか？　残念ながら、それだけではありません。

「あの商品が欲しい」とお客様が思いついた時、まずは必ず検索を利用します。それはグーグルかもしれませんし、自分がよく使うSNS（インスタグラムやXなど）かもしれませんし、ユーチューブかもしれません。本章の最後に「SNSのクロス活用」をオススメしたのも、そうした背景があるからです。

すでにご紹介したように、SNSのクロス活用によって、お客様の信頼を獲得する機会をつくることができます。お客様はそのお店が信頼できるかどうかをSNSで調べているからです。

たとえば、ミウラタクヤ商店の新規のお客様から、「SNSを見ていたので、安心して購入できました」と感想を送っていただくことが何度もあります。ショップのSNS運用がお客様に安心感を与え、信頼につながった例です。

このようにSNSは継続的に運用しているだけでも受注率を高めてくれるツールです。みなさんは、SNSを運用していますか？　もし消極的になっている場合は、考え方を変え、継続的に運用することをオススメします。

少なくとも、SNSでネットショップの雰囲気や店主の顔が見えることは、お客様の安心と信頼につながるのですから。

おわりに

読者のみなさま、最後までお付き合いいただき、誠にありがとうございました。お時間を使ってこの本を読んでいただけて光栄です。

本書に記した方法論は、自分で言うのも変ですが、かなり我流の方法論になっております。

ただ、「商売」の本質から考えた方法としては間違っていないと思うので、ぜひ実践して、自分たちのオリジナリティを付け加え、自社のネットショップの売り上げをアップさせるために活用してください。

難しい部分もあったと思うので、何度も繰り返し読んでいただければと思います。

僕の感覚値ではありますが、実直に本書に記してある内容を実践し続けていただければ、月商500万円の売上も遠い話ではないと思います。

今までインターネットを活用して商売をした経験が少ない人でも、比較的簡単に導入できる方法論をまとめたつもりなので、大変な部分もあるかとは思いますが、僕を信じてぜひこれらのメソッドを粘り強く継続的に実施するようにしてみてください。

本書を通して実現したい僕の願いは、日本中の商品を販売する事業者様がしっかりとした収入を得て、利益を稼ぎながら、継続的に活動ができる環境をつくれることです。

その際、留意していただきたいのは、「テクノロジーが発達した今だからこそ、人間力が問われる」ということ。従来のインターネットビジネスでは、プラットフォームやツールの影響力が相当強かったと思います。だから「どうSNSを活用すればうまくいくか?」だったり、「あそこのお店は○○というツールを使っているのでうまくいっている」といった、端的にテクノロジー寄りの手法論が多くなりがちだったと思い返します。

しかし、僕が感じるところとしては、インターネットビジネスで成功するにも、「人となりが求められる」ということです。

プラットフォームやツールは大事な要素の一つではありますが、それがすべてではなくなったのが、近年のEC環境の変化であることは本書の冒頭でもお伝えした通りです。

これからは自分たちがいかに努力して、お客様となり得る方々に「届けるべき価値を提供できるかどうか？」といったことが最も大切になってきます。

当たり前過ぎる話で「何を言ってるんだろう」と思われるかもしれませんが、本書で繰り返してきたように、改めて自分たちがやるべきことをやる、お客様の役に立つ価値を提供する、といったことが強く求められているのです。

そのための努力をしましょう。

その点を間違えなければ売れるようになります。

おもしろい商品が当たり前に売れる世の中をつくる

これは僕の運営しているEC事業者向けサロンのコンセプトです。思うに、「魅力的な商品が世の中へ適切に届いていない」と感じることが多くあります。

発見さえしてもらえれば、すごく魅力的に感じる商品なのに、プロモーションや発信の方法がよろしくなく、消費者の目に届いていない商品を見ると「もったいないなぁ」といつも思います。

逆に、世の中には「詐欺まがい」と思うような広告が増えてきたとも感じています。本質的でない、人を騙すことを前提としたような広告をよく見ます（たぶん、みなさんも普通に見たことがあると思います）。

生活や人生において、何のプラスにもならないのに、そんな商品が「消費者の目に届いている」というヘンテコな話が、事実として発生していると思いませんか？

おもしろい商品が消費者の目に触れていない。

詐欺みたいな商品は消費者の目に触れている。

この「歪《いびつ》な」事象から考える僕の結論は、「良い商品をつくっていれば世の中に認知されていく」ということは絶対に嘘であって、良い商品をつくっている「だけ」では消費者に商品が届くことはあり得ないということなのです。

怠慢と言えば聞こえが悪いですが、売り手の「知識不足」であり、「努力不足」でもある。もちろん、売り手が意識的に怠慢であるとも思わないのですが、事実として売れているブランドよりも「努力の方向性がわかっていなくて」「努力の絶対量が足りない」とも思います。

だからこそ売り手は頑張らないといけません。

自慢ではないですが、僕のサロンに集まってくれているメンバーたちは「独自性のある魅力的な商品」を持っています。ブランド運営の支援をしていて「この商品はターゲットにとって魅力的だし、差別化されているのでもっと売れそう！」と感じることは少なくありません。

ブランドコンセプトの通りに魅力的な商品は、もっと世の中に広まるべきだと思いますし、広められる可能性が圧倒的に高いとも感じています。「十分に消費者に届いていない」と感じるならば、逆に「まだまだ伸びしろがある！」「伸びしろしかない！」と考えることもできます。もっとブランドは伸ばせるはずです。

だからこそ、自分のブランドを広めるために「適切な方法と売り手の努力」が必要な時代だと思うわけです。

繰り返しになりますが、

自分のお客様のニーズの解像度を高め、
解決策をコンテンツとして提供し、
適切な情報を届け続け、
SNSでお客様と交流をしながら理解を深め、
最終的に購入をしてもらえるための努力をする。

これらを続けていきましょう。
一つの施策だけを頑張れば売れるわけではなく、すべての行動でお客様の役に立ち、注文をいただけるように努力し続けましょう。

最後に

僕は本書を書いて終わりではなく、読者のみなさまとの関係性のキッカケとさせていただだきたいと思っています。前書のタイトルにもなった「ひとりＥＣ」が大好きです。ひとりでＥＣを頑張っている人たちとたくさん交流をしたいので、もし本書を読んで僕に興味を持っていただけたのであれば、ＬＩＮＥ公式アカウントからぜひ連絡をください。
必ずお返事させていただきます。交流しましょう。よかったら、ＥＣ事業者向けのオンラインサロンにも参加してください（笑）。現在２３０人の方に参加していただいています。

三浦卓也ＬＩＮＥ公式アカウント

ひとりＥＣ三浦卓也のオンラインサロン

最後に、本書を出版するまでにご支援をいただいた企業様、編集担当の方、パートナーの方、いつもありがとうございます。

本書がたくさんのネットショップ事業者様のお役に立つことを祈っています。ここに掲載したメソッドがみなさまのお役に立てたのであれば、これ以上嬉しいことはありません。

「おもしろい商品が当たり前に売れる世の中をつくる」

そんな理想を実現するために、僕はこれからも新しい活動をして、いろいろな経験を積み、より多くのお客様や事業者様のお役に立てるよう尽力していきたいと思います。

僕の思いに共感していただける方がいらっしゃれば、ぜひフォローをお願いします！

最後まで読んでくださり、ありがとうございました。

2024年1月　ミウラタクヤ商店 三浦卓也

特典

付録のダウンロード特典について

これ以降、本書で解説してきた要点を手軽に確認できるチェックシートを五つ付録として掲載します。この付録と同じ内容で、書き込み可能なWordファイルを特典として読者のみなさまにご提供させていただきます。以下のURL、または二次元バーコードから本書商品ページにアクセスしてご利用ください。

https://book.impress.co.jp/books/1123101075

※「特典」のページに進み、画面の指示に従って操作してください。
※特典のダウロードは、無料の読者会員システム「CLUB Impress」への登録が必要となります。
※本特典の利用は、書籍を購入していただいた方に限ります。

付録
1

月商10万円の壁を突破するためのチェックシート

第3章でまとめた「月商10万円突破」のためのチェックシートです。本書で学んだことを実践しながら、振り返ってみましょう。

☑ **1** ネットショップ＝営業活動と認識し、能動的な努力をしているか

☑ **2** 顧客ニーズを把握し、自分が貢献できることを文章化しているか

☑ **3** ②から競合と異なるポジションとエッジの効いたコンセプトを明確化しているか

☑ **4** ④ポジショニングとコンセプトをもとにコンテンツやクリエイティブをつくれているか

☑ **5** ④によってお客様の課題解決をし、コミュニケーションの土台をつくれているか

☑ **6** 広報活動を通して、新規のターゲットに接触しているか

☑ **7** 上記の検証と改善を繰り返せているか

MEMO

付録 2

月商30万円の壁を突破するためのチェックシート

第4章でまとめた「月商30万円突破」のためのチェックシートです。本書で学んだことを実践しながら、振り返ってみましょう。

☑	1	「新規顧客の獲得」と「リピーターの育成」を意識しているか
☑	2	認知からリピート購入までのフェーズを意識しているか
☑	3	インスタグラムのフォロワーを増やし、広告で集客を促せているか
☑	4	お客様の課題解決につながるコンテンツはつくれているか
☑	5	タッチポイントの質と量を兼ね備えた情報発信が行えているか
☑	6	LINE によるフォロワーのパーソナライズ化ができているか
☑	7	メルマガ活用による顧客との関係性の構築ができているか
☑	8	商標リスティングとリターゲティング広告を活用できているか

MEMO

付録 3

月商100万円の壁を突破するためのチェックシート

第5章でまとめた「月商100万円突破」のためのチェックシートです。本書で学んだことを実践しながら、振り返ってみましょう。

☑	1	「投資の意識」と「リスクを背負う覚悟」を持てるか
☑	2	損益計算で収支バランスを確認し、広告費を捻出できるか
☑	3	広告運用でたくさんの試行錯誤を重ね、適切な予算を見極められてきているか
☑	4	目標とするCPAを適切に把握できているか
☑	5	クリエイティブをたくさんつくり、言葉に具体性を持たせているか
☑	6	クリエイティブを検証し、刺さる訴求軸を見つけられているか
☑	7	お客様のフェーズに応じた広告を出し分けられているか
☑	8	広告によってお客様とコミュニケーションが取れているか

MEMO

付録
4

受注率改善チェックシート

第6章の最後に解説した受注率改善チェックシートです。本書で学んだことを実践しながら、振り返ってみましょう。

☑	1	クレジットカード以外の現金支払い方法は取り入れているか
☑	2	送料と商品販売価格のバランスはお客様に心地よい内容か
☑	3	購入完了までの導線の説明は適切か
☑	4	カゴ落ちメールの設定と文面は整備されているか
☑	5	SNS（特に LINE）へ登録するための導線は整備されているか
☑	6	受注率の改善に役立つ SNS を継続運用しているか

MEMO

付録
5

自分の強み発見シート

主に第2～3章で解説した「売れる理由」をデザインするには、顧客ニーズの把握とともに自分の強みを言語化できることが重要です。下記の項目を実際に書き出してみましょう。

1. お客様が商品を購入してくれた理由は何か

**2. 商品を購入したお客様の生活や人生に
どんな影響があったか**

3. お客様がSNSをフォローしている理由は何か

4. お客様からヒアリングした重要なキーワードを書き出す

5. 書き出したキーワードを組み合わせて
顧客ニーズを文章化する

6. 顧客ニーズに対して自分が
「貢献したいこと」を文章化する

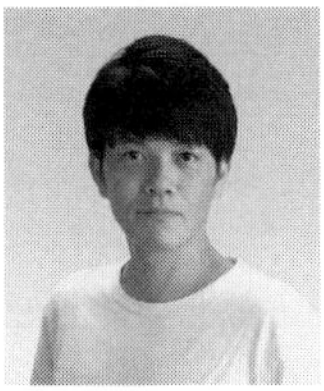

三浦卓也（みうら・たくや）

ミウラタクヤ商店店主。2015年に独立し「ミウラタクヤ商店」を開業。2019年からShopifyを活用し1年で売上400%成長、注文単価160%達成、リピート率200%へ改善。ミウラタクヤ商店は、立ち上げ・商品開発・受注処理・カスタマー対応・物流・広告・アプリ研究など、すべて独力で現場を切り盛りしており、「ひとりEC」運営を徹底。本業の傍ら、「EC家庭教師」という簡易型コンサルティングサービスも提供しつつ、ダイエット研究家としても活動。著書に『ひとりEC 個人でも売上を大きく伸ばせるネットショップ運営術』（インプレス）、『コンビニ飯で勝手にやせる 7日間食べるだけダイエット――ミウラ式ケトジェニックでイッキに-5kg!』（自由国民社）などがある。

【スタッフ】

ブックデザイン	山之口正和＋齋藤友貴（OKIKATA）
本文図版 & DTP	井上敬子
編集協力	杉野 遥
校正	株式会社聚珍社
デザイン制作室	今津幸弘
デスク	今村享嗣
編集長	柳沼俊宏

■商品に関する問い合わせ先

このたびは弊社商品をご購入いただきありがとうございます。本書の内容などに関するお問い合わせは、下記のURLまたは二次元バーコードにある問い合わせフォームからお送りください。

https://book.impress.co.jp/info/

上記フォームがご利用いただけない場合のメールでの問い合わせ先

info@impress.co.jp

※お問い合わせの際は、書名、ISBN、お名前、お電話番号、メールアドレス に加えて、「該当するページ」と「具体的なご質問内容」「お使いの動作環境」を必ずご明記ください。なお、本書の範囲を超えるご質問にはお答えできないのでご了承ください。

●電話やFAX でのご質問には対応しておりません。また、封書でのお問い合わせは回答までに日数をいただく場合があります。あらかじめご了承ください。

●インプレスブックスの本書情報ページ https://book.impress.co.jp/books/1123101075 では、本書のサポート情報や正誤表・訂正情報などを提供しています。あわせてご確認ください。

●本書の奥付に記載されている初版発行日から3 年が経過した場合、もしくは本書で紹介している製品やサービスについて提供会社によるサポートが終了した場合はご質問にお答えできない場合があります。

■落丁・乱丁本などの問い合わせ先

FAX　03-6837-5023

service@impress.co.jp

※古書店で購入された商品はお取り替えできません。

月商《げっしょう》100万《まん》円《えん》を達《たっ》成《せい》する 最強《さいきょう》のEC《イーシー》運営術《うんえいじゅつ》

2024年2月11日　初版発行

著　者　三《み》浦《うら》卓《たく》也《や》

発行人　高橋隆志

発行所　株式会社インプレス

〒101-0051　東京都千代田区神田神保町一丁目105番地

ホームページ　https://book.impress.co.jp/

印刷所　株式会社暁印刷

ISBN978-4-295-01842-1 C0034

Printed in Japan